問題集
自分でできる 学校教育心理学

大野木裕明・二宮克美・宮沢秀次 著

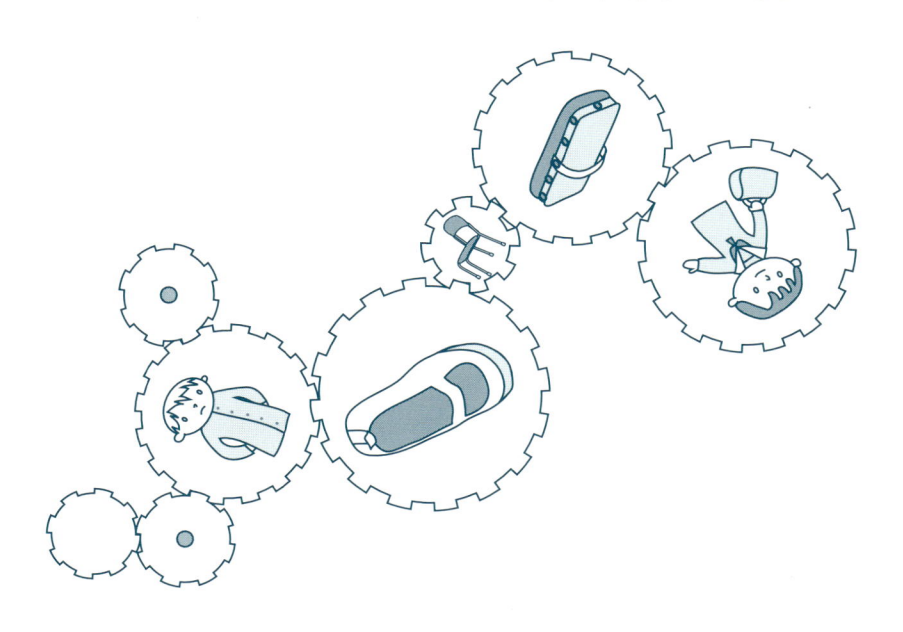

ナカニシヤ出版

はじめに

■ **読者へのメッセージ**

この本は，次の読者のために書かれている。
  ① 教員採用試験を準備中の大学生
  ② 学校教育系大学院入試を準備中の大学生
  ③ 大学の教職系心理学科目の受講生

以下に，この本の特徴が書いてあるので，よく読んで，ぜひ最小の努力で最大の効果をあげてもらいたい。

ただし，次の3点を頭の片すみにとどめておいてもらいたい。

（1）この本は，ある水準に合わせた問題集である。だから，〈これ1冊で完ペキだ〉などとは思わないこと。むしろ，これまでの知識を思い出すための自己点検として使ってもらいたい。

（2）心理学の立場から見ているので，同じテーマでも医学や教育学では別の見解になっているものもある。

（3）本書で使われているADHD，LDなどいくつかは（といっても，何のことかわからない人もいるだろうが？），まだ学問的な見解が定まっていない。将来，書き換えられる可能性がある。

■ **3部構成**

QアンドAの形式で書かれて，すべて，設問→答→解説の順にしてある。

内容構成は，
「Part 1　子どもの発達を理解する」
「Part 2　教職の基礎（学習指導／学級経営)」

はじめに

「Part3 教職の基礎(生徒指導／教育相談／進路指導)」の3部構成で,それぞれ,四肢選択形式の問題50問,総合的形式の問題5問,合計165問からなっている。

四肢選択問題では,もっとも正しい選択肢,あるいはもっとも誤った選択肢を4つのうちから1つだけ選ぶ。読者がせっかく修得した知識を混乱させることのないように,なるべく4つのうち3つが正しく1つが誤りである設問になるように工夫した。そのように作成できなかった設問もあるが,それは解説を読んで補ってもらいたい。

総合的問題の設問は,テーマ問題である。これは,あるテーマについて,少し広い知識や全体のイメージを再点検するために作成されている。

読者諸君は,解答のアタリ・ハズレに一喜一憂せず,むしろ,設問,選択肢,解説の全体をよく読んで理解し,知識の定着や再点検をはかってもらいたい。大学の教職課程で学んだことも思い出してもらいたい。

■ 本書の特色

本書の内容には次のような3つの大きな特色がある。

1 最新の教育職員免許法に対応

この問題集には,生涯発達,ハンディキャップのある子どもたち,心理的にトラブルのある子どもたち,さらに近接領域の精神医学,教育学などの知識も含めた。最新の教育職員免許法に対応したためであり,従来の教育心理学の範囲を超えている。

2 問題集を超えた問題集

従来の問題集スタイルにとどまらず,それを超えて,補足解説を詳しくした。問題の本文や設問の選択肢そのものも,要点整理になるように配慮した。

3　他書にない内容構成

この問題集の内容構成は，他書とは大きく異なっている。1つに，古い心理学史，知能検査・性格検査の細かい知識，学習理論の細かい系譜，性格の類型論などを含めていない。それらは，心理学では，いまも重要なテーマであるが，はっきりいって，現時点での本書の読者には明らかに不要である。したがって，それらは本書の性格上，意図的に排除した。これにより，全体のイメージがずっとわかりやすくなっている。

2つに，本書は教職の心理学，あるいは学校の心理学として編成した。これまでの教育心理学は，発達，学習，適応（性格），評価の戦後以来の4大領域，それに教育心理学の歴史あるいは教育心理学の研究方法を柱として構成されることが多かった。発達心理学も，かなり教育心理学と重複していた。本書では，そのような構成案はとらず，イジメ・不登校などの教育相談，生徒指導，偏差値輪切りによる進路指導などに対して開発・予防的な面を含めて「学校教育心理学」とした。

■ 本書の内容

本書は，Part 1, Part 2, Part 3 の3つの部分からなる。

「Part 1　子どもの発達を理解する」では，子どもたちの発達のようすについて，具体的な知識や心理学的な説明理論を出題した。ここでは，従来の発達領域，学習領域を扱ってはいるが，それにとどまらず，乳幼児期から青年期までの長期の発達の観点を含めた。また，ハンディキャップのある子どもたち，心理的にトラブルのある子どもたちについての設問を用意した。また，それらに貢献した著名な心理学者についても最小限ではあるが出題した。

「Part 2　教職の基礎（学習指導/学級経営）」では，教師に必要とされる専門的力量について心理学的な基礎知識を出題した。分量

はじめに

の関係で，学習指導，学級経営を中心に出題した。ここでは，従来の学習領域のうちで，学習指導，教育評価，さらには学級の管理運営や教師－生徒の人間関係を含めた。

「Part 3　教職の基礎（生徒指導/教育相談/進路指導）」では生徒指導，教育相談，進路指導についてまとめた。従来の適応領域を中心に，教育学（教育原理）で扱われる内容でも，心理学から貢献できる部分も思い切って含めて補強した。それらは，社会心理学，性格心理学，発達心理学，カウンセリング心理学からのものである。なお，Part 2 と Part 3 は相互に不可分の内容であるが，ここでは形式的に二分してある。

■ **参考文献**

　この問題集をまとめるにあたり，その記述の一部分について，以下の文献を参考にして最終的な確認をはかった。本書の性格上，学術上の厳密な記述をすることはできなかったので，さらに詳しくは下記にあたっていただきたい。

『教育心理学新辞典』金子書房，1968年／『誠信 心理学辞典』誠信書房，1981年／『教育評価小辞典』協同出版，1979年／『新版 心理学事典』平凡社，1981年／『多項目 教育心理学辞典』教育出版，1986年／『現代教育評価事典』金子書房，1988年／『メンタルヘルスハンドブック』同朋舎出版，1989年／『カウンセリング辞典』誠信書房，1990年／『教育心理学小辞典』有斐閣，1991年／『心理臨床大事典』培風館，1992年／『社会心理学小辞典』有斐閣，1994年／『発達心理学辞典』ミネルヴァ書房，1995年／『認知心理学事典』新曜社，1998年／『カウンセリング辞典』ミネルヴァ書房，1999年／『心理学辞典』有斐閣，1999年

目　　次

はじめに　*i*

Part 1　子どもの発達を理解する ────── 1

四肢選択問題：基礎知識を幅広くチェック(50問題)　　2

総合的問題：特定のテーマを多角的にチェック(5問題)　36

　テーマ1：発達に関する規定因　36
　テーマ2：道徳性の発達　39
　テーマ3：ピアジェの認知発達理論　42
　テーマ4：青年期の人間関係　45
　テーマ5：エリクソンの発達理論　48

Part 2　教職の基礎：学習指導／学級経営 ────── 53

四肢選択問題：基礎知識を幅広くチェック(50問題)　54

総合的問題：特定のテーマを多角的にチェック(5問題)　93

　テーマ1：教育評価法のあゆみ　93
　テーマ2：評価のゆがみ　98
　テーマ3：学習意欲を引き出して育てる　100
　テーマ4：ピグマリオン効果　104
　テーマ5：学級の子どもたちをみる　107

Part 3　教職の基礎：生徒指導／教育相談／進路指導 ── 109

四肢選択問題：基礎知識を幅広くチェック(50問題)　110

総合的問題：特定のテーマを多角的にチェック(5問題)　147

　テーマ1：学校生活でみられる心配な行動　147
　テーマ2：ホームルーム活動の技法　150

－*v*－

目　　次

　　テーマ３：教育相談　　152
　　テーマ４：行動・性格をとらえる心理検査　　156
　　テーマ５：ＬＤ（学習障害）　　158

　問題索引　　162

Part 1
子どもの発達を理解する

四肢選択問題
基礎知識を幅広くチェック（50問題）

> **問題1** 発達の特徴について，次の説明で不適切な記述を選べ。
> 1　一定の方向性がある
> 2　順序性がある
> 3　分化と統合がある
> 4　性差はない

答：4

[解説]
1　正しい。たとえば，頭部から尾部，中心部から周辺部へと運動発達が進む。
2　正しい。たとえば，赤ちゃんのハイハイが可能になるにも，順序は認められる。
3　正しい。はじめは細かく分かれて，その後，それらはまとまり統合的になる。たとえば，手の指の動きなど。
4　誤り。たとえば，直立歩行では，一般的に，男児よりも女児の方が1～2か月程度早いことがわかっている。

> **問題2** 生涯にわたる発達について言及している理論はどれか。
> 1　ピアジェの認知発達理論
> 2　S.フロイトの心理－性的発達理論
> 3　バンデューラの社会的認知理論

| 4　エリクソンの心理－社会的発達理論 |

答：4

[解説]
1　誤り。ピアジェ（Piaget, J.）の認知発達理論は形式的操作期が最終段階であり，それは，おおよそ青年期に対応している。
2　誤り。S.フロイト（Freud, S.）の心理－性的（psycho-sexual）発達理論は，性器期が最終段階であり，おおよそ青年期に対応している。
3　誤り。バンデューラ（Bandura, A.）の社会的認知理論では，発達段階説を採らない。
4　正しい。エリクソン（Erikson, E. H.）の心理－社会的発達理論は成人後期（老年期）にまで及んでいる。

問題3　次はハヴィガーストの発達課題の青年期用リストの一部である。このうち誤りはどれか。
1　配偶者への求愛と選択
2　親からの情緒的な独立の達成
3　行動を導く倫理体系の発達
4　結婚と家庭生活の準備

答：1

[解説]
1　誤り。就職とならんで成人初期の重要な発達課題とみなされている。青年期の課題ではない。
2　正しい。
3　正しい。
4　正しい。ハヴィガースト（Havighurst, R. J.）によると，「結婚と家庭生活の準備」は，成人になるための準備とみなされ，青年期の発達課題とされている。

Part 1　子どもの発達を理解する

> **問題4　S.フロイトの心理‐性的発達理論の各時期について，発達段階の正しい順序のものを選べ。**
> 1　口唇期→肛門期→男根期→潜在期→性器期
> 2　潜在期→性器期→肛門期→口唇期→男根期
> 3　性器期→口唇期→男根期→肛門期→潜在期
> 4　肛門期→男根期→潜在期→性器期→口唇期

答：1

[解説]
1　正しい。S.フロイト（Freud, S.）は精神分析学の創始者として著名である。おおよその年齢段階は，口唇期（oral phase）が0～1歳6か月ごろ，肛門期（anal phase）が1歳6か月ごろ～4歳ごろ，男根期（phallic phase，エディプス期ともいう）が4歳ごろ～6歳ごろ，潜在期（latency phase）が6歳ごろ～12歳ごろ，性器期（genital phase）が12歳ごろ～成人である。
2　誤り。
3　誤り。
4　誤り。

> **問題5　コールバーグが提唱した道徳的判断の発達理論について，最初の5つの段階が正しい順序になっているものはどれか。**
> 1　良い子→法と秩序→社会的契約→服従と罰→返報性
> 2　返報性→良い子→法と秩序→服従と罰→社会的契約
> 3　法と秩序→返報性→良い子→社会的契約→服従と罰
> 4　服従と罰→返報性→良い子→法と秩序→社会的契約

答：4

[解説]
1 誤り。
2 誤り。
3 誤り。
4 正しい。コールバーグは段階1「服従と罰への志向」および段階2「返報性（手段的欲求充足論）」を合わせて，「前慣習の水準」（水準1）とした。段階3「良い子の道徳」と段階4「法と秩序志向」が「慣習の水準」（水準2）である。段階5「社会的契約志向」と段階6「普遍的な倫理の原理」の2つが「後慣習の水準」（水準3）である。

問題6 次は，エリクソンが提唱した心理‐社会的発達理論の各発達段階における心理‐社会的危機（クライシス）のリストの一部である。正しい順序のものを選べ。

1 勤勉性と劣等感→自主性と罪悪感→基本的信頼感と基本的不信感→自律性と恥・疑惑
2 基本的信頼感と基本的不信感→自律性と恥・疑惑→自主性と罪悪感→勤勉性と劣等感
3 自律性と恥・疑惑→基本的信頼感と基本的不信感→自主性と罪悪感→勤勉性と劣等感
4 自主性と罪悪感→自律性と恥・疑惑→勤勉性と劣等感→基本的信頼感と基本的不信感

答：2

[解説]
1 誤り。
2 正しい。エリクソン（Erikson, E.H.）は，自我同一性の発達図式として，漸成的発達図表（epigenetic chart）を発表した。このリストは，ライフサイクルの8つの心理‐社会的危機のうち，乳児期，幼児前期，幼児後期，学齢期までの4つの危機である。
3 誤り。

4　誤り。

問題7　ピアジェの認知発達の理論について，正しい段階の順序になっているものはどれか。

1　具体的操作期→形式的操作期→感覚運動期→前操作期
2　前操作期→形式的操作期→具体的操作期→感覚運動期
3　感覚運動期→前操作期→具体的操作期→形式的操作期
4　形式的操作期→感覚運動期→前操作期→具体的操作期

答：3

[解説]
1　誤り。
2　誤り。
3　正しい。認知発達の4段階を，おおよその年齢と対応させてみると，「感覚運動期」は乳児期，「前操作期」は幼児期，「具体的操作期」は児童期，「形式的操作期」は青年期に，ほぼ対応している。
4　誤り。

問題8　新生児期の特徴について誤った記述を選べ。

1　誕生の瞬間から約1週間，おおまかには約3か月までを新生児期という
2　新生児は強度の近視である
3　/pa/と，/ba/の言語音を識別する
4　甘さ，酸っぱさ，苦さなどの味覚が備わっている

答：1

[解説]
1　誤り。誕生から約1週間，おおまかには約1か月までを新生児期

という。誕生からほぼ1歳半あるいは2歳までを乳児期という。乳児期の中に新生児期を含む言い方もあるが、いずれにせよ、3か月児は乳児期である。
2　正しい。視力については、目から約30cm離れた距離にピントが合ったままであり、7～8か月頃には成人の視力に近くなるといわれる。
3　正しい。
4　正しい。新生児には、基本的な感覚は備わっているといわれる。

問題9　乳児期の一般的な特徴について誤った説明を選べ。

1　延滞模倣があらわれる
2　モノ（対象）の永続性がわかる
3　把握反射があらわれる
4　喃語があらわれる

答：3

[解説]
1　正しい。1歳半前後には延滞模倣があらわれる。延滞模倣とはお手本が目の前になくても以前に見たお手本を頭の中に覚えていて模倣できることである。
2　正しい。4か月ごろから少しずつ、モノ（対象）の永続性が理解できるようになる。モノ（対象）の永続性とは、モノ（対象）が目の前から見えなくなったり隠されてもそのモノ（対象）はずっと存在していると理解できることである。
3　誤り。把握反射は、むしろ消失する。
4　正しい。6～8か月ごろになると「ウマウマ」などの喃語が出始める。7～8か月頃には最盛期をむかえる。

Part 1　子どもの発達を理解する

> **問題 10　乳児の対人関係の発達について誤った記述を選べ。**
> 1　母親（養育者）に対する愛情的な結びつきや，その行動をアタッチメント（愛着）とよぶ
> 2　エインズワースはアタッチメントの理論を提唱した
> 3　ボウルビーによるとアタッチメントは乳児期の発達課題である
> 4　乳児期はアタッチメントを形成する重要な時期である

答：3

［解説］
1　正しい。アタッチメント（attachment）は，愛着と訳される。
2　正しい。ボウルビー（Bowlby, J.M.），エインズワース（Ainsworth, M.D.S.）はアタッチメントに関する有名な研究者である。ボウルビーは精神分析学的理論に立ち，エインズワースは彼の理論に動物行動学（エソロジー）の概念を加え，アタッチメントを測定できるようにした。
3　誤り。アタッチメントが発達課題であるとは論じていない。
4　正しい。

> **問題 11　次のうちで，順調な発達の説明として誤りのある記述はどれか。**
> 1　6か月前後になると，顔に布をかぶせると片手でとる
> 2　6か月前後になると，始語があらわれる
> 3　8か月前後になると，「いないないばー」をすると喜ぶ
> 4　1歳ごろになると，座った位置から一人で立ちあがる

答：2

［解説］
1 正しい。生活年齢の目安よりも3か月以上の遅れのあるときには，発達の遅れの「可能性」があるとされている。顔に布をかぶせて視野をさえぎることは，手の片麻痺のチェック，知的発達のチェックの1つとして用いられる。
2 誤り。始語（初語）とは，特定の発音に意味を持たせて使うことであり，1歳前後にあらわれる。もちろん，発音そのものはかなり早くからあらわれる。
3 正しい。「いないいないばー」は，モノ（対象）の永続性がわかっているかどうかの目安にもなる。
4 正しい。

問題12 次は，先天性の奇形や障害が起こる可能性の高い感染症のリストであるが，誤りはどれか。

1 トキソプラズマ
2 梅毒
3 トリソミー21
4 巨大細胞ウイルス

答：3

［解説］
1 正しい。
2 正しい。
3 誤り。トリソミー21は，常染色体異常という染色体および遺伝子的要因である。
4 正しい。トキソプラズマ，梅毒，巨大細胞ウイルスは，いずれも胎生期の環境要因として知られる。

Part 1　子どもの発達を理解する

> **問題 13　DSM－Ⅳとは何か，正しいものを選べ。**
> 1　アメリカ精神医学会による精神疾患の診断統計マニュアル
> 2　ドイツ医学会による子どもの心身発達診断マニュアル
> 3　日本医師会による子どもの発達診断マニュアル
> 4　世界保健機構による疾病分類のマニュアル

答：1

[解説]
1　正しい。Diagnostic and Statistical Manual of Mental Disorders (4th ed.) の略である。
2　誤り。
3　誤り。
4　誤り。これは WHO による国際疾病分類 ICD (International Statistical Classification of Diseases and Related Health Problems) のことである。

> **問題 14　身体の障害についての説明のうちで誤りを選べ。**
> 1　両眼の視力が 0.02 未満を盲とよぶ
> 2　色覚異常には，全色盲と赤緑色盲がある
> 3　聴力損失が 90 デシベル以上を聾とよぶ
> 4　脳性麻痺は脳損傷や核黄疸等による身体の運動障害である

答：1

[解説]
1　誤り。両眼の視力については，「矯正視力」の 0.02 未満を盲とよぶので誤りである。
2　正しい。なお，身体の障害は，視覚障害，聴覚障害，運動機能障害に分けられる。視覚障害には，視力障害，色覚障害，視野異常等

−10−

がある。
3　正しい。聴覚障害では，聾，難聴が区別される。
4　正しい。脳性麻痺と知的障害は重複することもあるが，同じではなく，区別される。

問題 15　知的障害に関連する説明について誤った記述を選べ。
1　IQ が約 50～約 70 の範囲を軽度の知的障害としている
2　フェニールケトン尿症は常染色体劣性遺伝による先天性の代謝障害である
3　21 トリソミーとはダウン症候群を引き起こす染色体異常である
4　胎児の低栄養，未熟児は遺伝によるものである

答：4

[解説]
1　正しい。IQ の目安としては，おおよそ，50-55～70 を軽度，35-40～50-55 を中度，20-25～35-40 を重度，20-25 以下を最重度としている。
2　正しい。フェニールケトン尿症（phenylketonuria）は，早期発見と治療によって発達への影響を防ぐことができる。1980 年代に入って DNA 解析による出産前診断も開発され，食事療法もなされるようになっている。
3　正しい。知的障害の病因は遺伝，早期胚発達異常，妊娠中および周産期のトラブル，誕生後の一般的な身体疾患，環境の影響などによるとされる。病因を特定できないこともかなり多いとされる。
4　誤り。胎児の低栄養，未熟児は遺伝ではなく，主に妊娠中および周産期の問題である。

Part 1　子どもの発達を理解する

> **問題 16**　乳幼児期によくみられるコミュニケーション障害の1つに吃音症があるが，これについて誤った記述を選べ。
> 1　吃音症とは，いわゆる「どもり」のことである
> 2　2～7歳ぐらいの時期に多くみられる
> 3　女児のほうが多い
> 4　約60％は成長につれ自然に寛解するとされる

答：3

[解説]
1　正しい。吃音症（stuttering）は「どもり」のことである。「じ，じ，じ，じどーしゃ」のように音と音の繰り返し，「じーどうしゃ」のような音の延長など，いくつかのパターンがある。
2　正しい。7歳前後がピークとされている。
3　誤り。男女比は3：1で男児に多くみられるとの報告がある。
4　正しい。一過性のことも多く，周囲の慎重な対応が重要である。

> **問題 17**　注意欠陥／多動障害について誤った記述を選べ。
> 1　注意欠陥／多動障害は，通常，ADHDと略称される
> 2　小児神経科または小児精神科の専門分野である
> 3　健康な子どもに比べて脳の活動レベルが低い
> 4　脳が異常な活動をしていることが多い

答：4

[解説]
1　正しい。注意欠陥／多動障害(attention-deficit/hyperactivity disorder; 通称ADHD）は，多動で落ち着きがない，逸脱的な行為がみられる，注意の集中が困難であるなどの行動特徴がある。

2 正しい。7歳未満に発症する。薬物療法も含めて，小児神経科または小児精神科で治療される。
3 正しい。
4 誤り。脳が異常なのではなく，活動レベルが低いとされる。幼児期に落ち着きがない子どもでも，成長につれて落ち着きが出てくることも多い。

問題18 録画し終わったビデオにラベルを書く場面を見た後で，そのビデオを視聴したりすると，録画していない新しいビデオもラベルを書くだけで視聴できると考えた幼児がいた。シュテルンやピアジェの用語を使うと，この思考は何というか。
1 転導推理
2 アニミズム
3 三段論法
4 エピソード記憶

答：1

[解説]
1 正しい。転導推理（transduction）は，シュテルン，ピアジェなどの用語である。2歳ごろから4歳ごろまでの前概念的思考期と，4歳ごろから後の直感的思考期の思考を合わせて，前操作的思考（preoperational thought）の時期と称するが，このころの幼児にみられる特有の推理である。その思考推理は堅く、柔軟性に乏しくて，矛盾に満ちている。
2 誤り。アニミズムは，物活論と訳されている。
3 誤り。幼児には，おとなが用いるような三段論法は困難である。
4 誤り。エピソード記憶は，近年の記憶研究で長期記憶の説明に使われている概念である。

Part 1　子どもの発達を理解する

> **問題 19　3つ山問題の説明について誤った記述を選べ。**
> 1　ピアジェの考案した思考課題である
> 2　子どもの善悪判断を調べる課題である
> 3　自己中心性の概念を調べる課題である
> 4　空間課題である

答：2

[解説]
1　正しい。
2　誤り。3つ山問題 (three-mountains task) は，ピアジェらが『子どもの空間表象』の中で報告した課題である。大きさと色の異なる3つの山を見て，その見え方を聞く。3つの山の前後左右を他者からの視点に立って見ることができるかどうかを問い，答え方から，幼児の自己中心性 (egocentrism) の概念を調べる。善悪判断を調べるものではない。
3　正しい。
4　正しい。前後左右の空間的な配置を問う課題である。

> **問題 20　ピアジェの保存課題の説明でもっとも誤った説明を選べ。**
> 1　数の保存課題がある
> 2　重さの保存課題がある
> 3　流れの保存課題がある
> 4　体積の保存課題がある

答：3

[解説]
1　正しい。ピアジェは，2歳ごろ〜7歳ごろまでの幼児期の思考の特徴を前操作期とよんだ。この時期には，数，液量，長さなどの保

—14—

存課題が解けないことを発見した。保存（conservation）とは，対象の外見が変わっていても，その属性には変化がないことの理解である。
2　正しい。
3　誤り。
4　正しい。保存成立の順序は，一般には，数（6～7歳），物質量（7～8歳），重さ（9～10歳），体積（11～12歳）などの順であるとされる。これらのズレは「水平的ズレ」とよばれている。

問題21　子どもの文字の認知について誤った説明を選べ。

1　字を書くときに鏡に映したようにひっくり返った文字を鏡映文字という
2　鏡映文字は左右の方向弁別や形の認知が十分に発達していないことによる
3　鏡映文字は，そのつど修正しないと影響が残る
4　鏡映文字は，非対象形であればどんな文字でも発生する

答：3

[解説]
1　正しい。鏡映文字（mirror script）は幼児によくみられる。
2　正しい。
3　誤り。成長につれて消失するといわれる。
4　正しい。ただし，出現頻度の高い文字はある。

問題22　ピアジェの道徳的判断に関する発達理論で誤った記述を選べ。

1　例話を用いて，子どもの答え方から道徳的判断の段階を判定する

> 2 幼児期では，結果論に基づいた道徳的判断をする
> 3 児童期では，動機論に基づいた道徳的判断をする
> 4 青年期では，客観論に基づいた道徳的判断をする

答：4

[解説]
1 正しい。
2 正しい。
3 正しい。
4 誤り。ピアジェ (Piaget, J.) は，動機は善であるが損害の大きい行為と，動機は悪であるが損害の小さい行為のどちらが相対的に悪いかを判断させる例話の課題を用いた。そして，幼児期では結果を重視した判断をするが，児童期になると動機を重視した判断をすることを見出した。青年期の判断には言及していない。

> 問題23 パーテンによる遊びの発達理論について誤った記述を選べ。
> 1 音楽遊び
> 2 平行遊び
> 3 連合遊び
> 4 協同遊び

答：1

[解説]
1 誤り。幼児の社会性の発達を見るとき，子どもの仲間関係や遊びのようすが，大きな手がかりになる。パーテン (Parten, 1932) は，保育園での自由遊びの観察から，社会的な参加という点に着目して，遊びが，「遊んでいない状態」→「一人遊び」→「傍観的遊び」→「平行遊び」→「連合遊び」→「協同遊び」というように，発達的に推移することを述べた。音楽遊びは含まれていない。なお，その

後の研究では，一人遊びが傍観的遊びの前にみられるだけでなくもっと上の年齢でもみられることや，連合遊びや協同遊びが少ないことなど，パーテンの報告とは異なる報告も多くみられる。
2　正しい。平行遊びとは，まわりの子どもたちと同じように遊んでいるが，お互いに干渉しない自分だけの遊びである。お互いの交流や協同はない。
3　正しい。他の子どもと一緒に遊び，オモチャの貸し借りや会話のやりとりがある。分業はない。
4　正しい。何かを作るとかのように，ある目的のために一緒に遊ぶ。分業があり，各人の役割分担もみられる。

問題24　「いすがネンネしている」「雲がサヨナラって言ってる」のような幼児の知覚の特徴を何というか。
1　共感覚
2　相貌的知覚
3　錯視
4　知覚の恒常性

答：2

[解説]
1　誤り。共感覚（synesthesia）とは，「黄色い声」などのように，音を聞いて色体験を伴うなど，ある感覚モダリティ（様相）への刺激が他のモダリティに属する感覚体験を同時に起こす現象である。年齢とともに減少するといわれる。このうち，音（聴覚）→色（視覚）は，特に色聴（colored hearing）といわれる。
2　正しい。相貌的知覚（physiognomic perception）は，この例のように，外界に対して感情を移入させてみる知覚である。
3　誤り。錯視（optical illusion）は，大きさ，方向，形，距離，色などが客観的な物理的測定とは異なって感じることである。たとえば，物理的にまっすぐな線が曲がって見えるなどは，幾何学的な錯視の例である。

4 誤り。知覚の恒常性（perceptual constancy）は，たとえば，同じ人物が急に距離的に近づいてきて，網膜上の大きさが急に拡大したにもかかわらず，対象の大きさが同一に知覚できる現象。恒常性は，明るさ，形，大きさなどに関して認められる。

問題 25　次はピアジェの具体的操作期の説明であるが，誤りはどれか。

1　ほぼ児童期に対応する
2　次の発達段階は形式的操作期である
3　保存課題が解決できる
4　自己中心性が確立する

答：4

[解説]
1　正しい。思考の具体的操作期は，ほぼ児童期に対応する。
2　正しい。形式的操作期は次の発達段階であり，ほぼ中学校時代に対応する。
3　正しい。保存課題を解く時には，可逆性，相補性，同一性などの理由を述べて正しく解決できる。ただし，液量，長さ，重さなどそれぞれの保存の時期は異なる。
4　誤り。むしろ，前操作期の自己中心性（自己中心的思考）を脱却するのが，この時期である。

問題 26　知能検査についての説明で誤りのあるものはどれか。

1　知能検査は，一般知能検査と創造性検査とに分類される
2　ウエクスラー知能検査は，言語性知能と動作性知能を

診断する
　3　田中ビネー知能検査は，個別式知能検査である。
　4　A式知能検査とは，解答の時に，文字や言語を使う言語性検査のことである

答：1

[解説]
1　誤り。一般知能の測定と，知能構造の診断的な測定の目的の2つに大別している。前者には，田中・ビネー検査，鈴木・ビネー検査，スタンフォード・ビネー式知能検査などがある。後者には，各種のウエクスラー検査がある。
2　正しい。対象年齢に応じて，幼児用のWPPSI（ウイプシイ），児童用のWISC（ウイスク），成人用のWAIS（ウエイス）がある。
3　正しい。田中寛一がフランスのビネー（Binet, A.）考案の日本版検査として発表した。集団用は「新制田中B式」である。
4　正しい。A式は陸軍α式の発展である。B式は図形や記号を使う動作性（非言語性）検査のことである。陸軍β式が発展したものである。

問題27　ピアジェの提唱した遊びの発達理論の用語について誤りを選べ。

　1　実践遊び
　2　象徴遊び
　3　ルール遊び
　4　創造遊び

答：4

[解説]
1　正しい。感覚運動期にあたる2歳ぐらいまで。紙を落としたり，ボールを転がしたり，ただ実践することそのものを楽しむかのよう

な遊びである。仲間との接触はおこなわれない。
2 正しい。象徴的思考から直観的思考の段階にあたる。たとえば、ままごと、怪獣ごっこなどのかたちでおこなわれたりする。
3 正しい。具体的操作期に入って、以前の実践遊びや象徴遊びがルールに従っておこなわれるようになる。グループ内での役割分担のある遊びがみられる。
4 誤り。ピアジェの遊びの発達段階はルール遊びまでである。創造遊びには言及していない。

問題 28 反抗期の説明について誤りを選べ。
1 第1反抗期は、2歳～4歳ごろにみられる衝動的な独立・自立の欲求のあらわれである
2 第1反抗期では、しつけの面で子どもと親との衝突があらわれる
3 第2反抗期は、12, 13歳ごろのいわゆる思春期にあらわれる
4 第2反抗期では、経済的な面で子どもと親との衝突があらわれる

答：4

[解説]
1 正しい。発達心理学でいう反抗期とは、社会的に下位の者が上位の者に対して服従を拒否する行動である。第1反抗期は、幼児期の自我の目覚めのあらわれとされる。
2 正しい。身体面での自立・独立欲求が主であるので、親のしつけとぶつかることになる。第1反抗期は、自我の確立や母子分離のきっかけとしてみれば重要な時期である。
3 正しい。思春期の自我の目覚めのころである。
4 誤り。第2反抗期は、主として精神面での自立・独立欲求のあらわれである。親だけではなく、社会的な権威や制度に対しても異議を唱える。

問題29　児童期の仲間関係の特徴のうち誤りのある説明を選べ。
1　ギャング集団が形成される
2　おとなから独立した，自分たちだけの世界を作ろうとする
3　離散・集合を繰り返す
4　集団内だけに通用する秘密やことばが出てくる

答：3

[解説]
1　正しい。幼児期と比べると，児童期では集団化が目立つようになる。このような集団の活動を通して，仲間関係に関する社会的な技能（スキル）を獲得していく。なお，近年，以前と比べるとギャング集団（gang group　徒党集団）を作ることが少なくなってきているという報告も出ている。原因として，少子化，塾やおけいこごと，室内のゲームの流行，安全な遊び場所の減少などが指摘されている。
2　正しい。
3　誤り。激しい離散・集合はみられにくい。
4　正しい。

問題30　自閉症について誤った記述を選べ。
1　知的障害の一つである
2　アメリカ精神医学会（1994）では，自閉性障害という診断名である
3　境界の子どもは，非定型広汎性発達障害と診断される
4　自閉症の原因は，先天的な脳の機能障害とする説が有力である

答：1

Part 1　子どもの発達を理解する

[解説]
1　誤り。自閉症は広汎性発達障害であり，一様に遅れのみられる知的障害とは区別される。以前の文部省（現，文部科学省）の指針では情緒障害に分類されたが，ラター（Rutter, M.）は自閉症は認知障害であるという見解を示し，これが有力視されている。
2　正しい。
3　正しい。
4　正しい。

問題 31　自閉性障害の行動面の特徴として，もっとも誤った記述を選べ。
1　身ぶりや表情が理解できない
2　計算，読む，書くなどの学業のいずれかが著しく劣る
3　ふり，ごっこ遊びの欠如
4　特定の事物に異常なほど熱中しこだわる

答：2

[解説]
1　正しい。
2　誤り。この問題は，自閉性障害の診断基準の限られた一部だけを示しており，すべてのリストではない。選択肢の1，3，4は，それぞれ，人とのかかわり方の障害，意志伝達の障害，興味や活動範囲の限定のリストの中の1つである。
3　正しい。
4　正しい。

問題 32　学習障害の説明のうちでもっとも誤った記述を選べ。
1　中枢神経系に何らかの機能障害があると推定される
2　脳波やCT，MRIのような検査によって異常が特定で

きる
3 平均的な知能は，ほぼ正常範囲にある
4 医学的な診断名と教育的な分類とが異なる

答：2

[解説]
1 正しい。学習障害（LD）は，全般的な知的発達には遅れはないが，聞く，話す，読む，書く，計算する，推論する能力のうちで，特定の習得と使用が著しく困難な状態である。アメリカ精神医学会の診断基準では，特異的発達障害の区分のなかの読字障害，書字障害，計算能力障害と，かなり対応する。
2 誤り。原因は中枢神経系に何らかの機能障害があると推定されるが，神経学的な検査では異常が発見できないことも多い。
3 正しい。
4 正しい。医学では，learning disorders，教育では learning disabilities としている。いずれにしても現時点のＬＤ概念には，かなりの混乱がみられる。

問題33 青年期の心理的離乳について誤った説明を選べ。
1 親に対する心理的な依存関係から脱却しようとすることである
2 両親よりも友人が身近な存在となる
3 経済的な自立がきっかけになる
4 L.S.ホリングワースによって名付けられた

答：3

[解説]
1 正しい。心理的離乳（psychological weaning）は，ホリングワース（Hollingworth, L.S.）によって名付けられた。親の保護や監督に対して精神的に自立していこうとする青年期特有の過程のことであ

る。乳児期の母乳についての「乳離れ」になぞらえて，このようによばれる。
2　正しい。
3　誤り。必ずしも金銭的な独立を前提としていない。
4　正しい。

問題34　思春期のようすのうちで誤った説明を選べ。
　1　およそ12歳ごろ〜15,16歳にわたる時期である
　2　2次性徴として精通や初潮が発現する
　3　性的発達は男女の性差が目立ち，個人差が少ない
　4　自己の内面に注意を向けるようになる

答：3

[解説]
1　正しい。心理学においては思春期は身体的な変化，青年期はこれにともなう心理的変化を意味することが多い。青年期前期は，思春期発育にともなって心理的な動揺が起こる時期とされている。
2　正しい。
3　誤り。2次性徴は女子のほうが男子よりも1，2年早くすすむ。早熟・晩熟の個人差はかなり大きくなるので，この部分の記述が誤りである。
4　正しい。

問題35　次は青年期が「疾風怒濤の時期」であるとする説明である。これと無関係な記述はどれか。
　1　スタンレー・ホール（Hall, G.S.）が青年期の特徴として解説した

2 疾風怒濤は社交－孤独のような対立感情が相互に出現するようすである
3 疾風怒濤の時期は，青年期の「第2の誕生」の後にあらわれる
4 青年期がそれほど激動の時期ではないという説を青年期平穏説という

答：3

[解説]
1 正しい。
2 正しい。青年期は不安定な時期であり，社交－孤独，無気力－情熱のような対立感情が相互に出現する疾風怒濤の時期として知られてきた。このような時期を経て新たな人生を歩み出すことから，これを「第2の誕生」とよび，好んで文学作品のテーマにもなってきた。
3 誤り。順序が逆になっている。「第2の誕生→疾風怒濤」ではなく，「疾風怒濤→第2の誕生」である。
4 正しい。なお，1960年代ごろから，青年期にはそれほどの葛藤や動揺はないという調査報告もあらわれ，これは青年期平穏説といわれている。

問題36 アイゼンバーグの提唱した認知的な向社会性の理論について，誤った記述を選べ。
1 レベル1：快楽主義的で実際的な志向
2 レベル2：他人の要求志向
3 レベル3：承認と対人的志向・ステレオタイプ的志向
4 レベル4：客観的志向

答：4

Part 1　子どもの発達を理解する

[解説]
1　正しい。就学期前後の子どもにみられる。具体的な見返りがあるかどうかなどが判断基準になる。向社会的行動（prosocial behavior）には，思いやり行動，援助行動，分与行動などがある。
2　正しい。小学校低学年から中学年に多い。他者の身体的，物質的な要求に関心を示すが，他者の視点に立った判断ではない。
3　正しい。小学校高学年に多い。善悪のステレオタイプ的なイメージによって判断する。まわりに承認されるかどうかで判断する。
4　誤り。正しくは，共感的志向であり，中学生，高校生で多く見られる。他者の立場から共感的に判断できる。これはレベル 4a であり，以後はレベル 4b，さらに，「レベル 5　強く内面化されたレベル」へと進むとされる。

問題 37　創造性について誤った説明を選べ。

1　創造性を調べるために創造性検査が開発されている
2　創造性の自己啓発や能力開発法として，KJ 法，ブレーン・ストーミングが開発されている
3　発散的思考は創造性と関係がある
4　ワラスは創造性の過程について，準備→洞察→孵化(ふか)→確認の 4 段階があるとした

答：4

[解説]
1　正しい。「S-A 創造性検査」（東京心理），「思考・創造性検査」（図書文化社）など多数ある。
2　正しい。ブレーン・ストーミング（brain storming）はオズボーン（Osborn, A.F.），KJ 法は川喜田二郎によって開発された。
3　正しい。発散的思考（divergent thinking　拡散的思考ともいう）は，正しい答が 1 つとは限らないような非論理的な思考やイメージによる思考を含んでいて，多くは創造性と関連するといわれる。
4　誤り。ワラス（ウォリスとも表記 Wallas, 1926）による説明によ

ると，準備→孵化→洞察→確認の過程であるから，4段階の順序が正しくない。

問題 38 エリクソンによる「アイデンティティ」の説明について誤った記述はどれか。

1　ユング（Jung, C.G.）の精神分析理論の影響を強く受けている
2　青年期の危機は，アイデンティティ対アイデンティティ拡散である
3　青年期におけるアイデンティティの確立は重要課題である
4　アイデンティティは自我同一性と訳される

答：1

[解説]
1　誤り。S.フロイトの精神分析の流れを汲んでいる。エリクソンは，S.フロイトの心理－性的な発達理論を発展させて，心理－社会的な自我発達論として知られる漸成的発達図式を提唱した。
2　正しい。
3　正しい。
4　正しい。

問題 39 アイデンティティの説明について誤った記述を選べ。

1　年相応の意識や行動を自覚させるアイデンティティを，発達的アイデンティティという
2　性役割に関する周囲からの期待への自覚と意識を，性役割アイデンティティという

3　周囲からの期待と自覚によって自分の地位を高めるアイデンティティを，ステイタス・アイデンティティという
　4　個人の意識や行動を社会的には否定的な方向に導いてしまうアイデンティティを，否定的アイデンティティという

答：3

[解説]
1　正しい。エリクソンは，アイデンティティの感覚を，「内的な不変性と連続性を維持する各個人の能力が，他者に対する自己の意味の不変性と連続性とに合致する経験から生まれた自信」であると説明している。つまり，私が私であるという実感，生きがい，自信のような実感である。これは，主体的な私についてであり，同時に社会的な私でもある。主体的，社会的であるから，発達的アイデンティティ，性役割アイデンティティ，否定的アイデンティティのような諸相が想定される。
2　正しい。
3　誤り。ステイタス・アイデンティティという語はない。
4　正しい。

問題40　アイデンティティ拡散の説明で誤った記述はどれか。
　1　対人関係において親密さが欠落する
　2　時間的展望が拡散する
　3　勤勉さが拡散する
　4　自意識が欠落する

答：4

[解説]
1　正しい。
2　正しい。

3 正しい。
4 誤り。自意識は過剰となる。1～3以外には、否定的同一性の選択、選択の回避と麻痺などがみられる。これらは、社会的な孤立、無気力、非行などにつながりやすく、青年期でみられる不適応行動の説明の1つとされる。

問題41 アイデンティティ・ステイタスについて正しい説明はどれか。

1 フォアークロージャー（早産型）は、危機を経験せず積極的関与をしている状態である
2 モラトリアムは、危機を経験せず積極的関与もしていない状態である
3 アイデンティティ達成（同一性達成）は、危機を経験せず積極的関与をした状態である
4 アイデンティティ拡散（同一性拡散）は、危機を経験し積極的関与をした状態である

答：1

[解説]
1 正しい。マーシャ（Marcia, J.E.）は、青年期の危機の解決の過程を、危機（役割の試みと意志決定の期間）、積極的関与（コミットメント）という2つの基準の組み合わせから、4つの類型を分類した。これをアイデンティティ・ステイタスという。この選択肢の4つがそれである。
2 誤り。モラトリアムでは、危機は現在経験している。積極的関与はあいまいであるか、あるいは積極的に関与しようとしている。
3 誤り。アイデンティティ達成では、危機はすでに経験した。積極的関与はしている。
4 誤り。アイデンティティ拡散では、危機前の拡散では、危機は経

Part 1 子どもの発達を理解する

験していない。積極的関与はしていない。危機後拡散では，危機はすでに経験した。積極的関与はしていない。

問題 42 青年期では2次性徴の発現によって，自分や同輩の身体的な変化に対する関心や不安が生じる。この時期の摂食障害の説明について誤った説明を選べ。
1 拒食症は摂食障害のひとつである
2 過食症は摂食障害のひとつである
3 やせ願望と肥満恐怖は表裏一体である
4 摂食障害には性差はほとんどない

答：4

[解説]
1 正しい。
2 正しい。
3 正しい。拒食症は神経性食欲不振症，過食症は神経性大食症のことであり，2つを合わせて摂食障害とよぶ。
4 誤り。摂食障害は男子にもわずかにみられるが，報告の大半は女子である。

問題 43 神経性食欲不振症の特徴について妥当でない記述を選べ。
1 女性性の否定がみられる
2 不活発である
3 食後に嘔吐する
4 ボディー・イメージ（身体像）にゆがみがある

答：2

[解説]
1 正しい。
2 誤り。不活発ではなく，むしろ痩せているにもかかわらず，活発に動き回り，過活動がみられる。
3 正しい。
4 正しい。幼児性へのあこがれ，やせ願望，肥満体への恐怖などもみられる。

問題 44 青年期の恐怖症の特徴について妥当でない記述を選べ。
1 赤面恐怖がみられることがある
2 自己臭恐怖がみられることがある
3 醜形恐怖がみられることがある
4 ヒステリー恐怖がみられることがある

答：4

[解説]
1 正しい。青年期は，自分が周囲から受け入れられるかといった対人的な不安を中核とするいろいろな恐怖症が多発する時期でもある。
2 正しい。
3 正しい。
4 誤り。ヒステリー恐怖という語はない。

問題 45 コールバーグ（Kohlberg, L.）の説明について誤りを選べ。
1 アメリカの発達心理学者である
2 ピアジェの認知発達理論の影響を受けている

Part 1　子どもの発達を理解する

　　3　道徳的判断の理論を提唱した
　　4　文化により固有の発達段階があると主張した

答：4

[解説]
1　正しい。
2　正しい。
3　正しい。コールバーグ（1927-1987）は，ジレンマ課題とよばれる状況設定問題を例話として用いて，道徳的判断の3水準6段階理論を提唱した。
4　誤り。この発達段階理論は，文化を超えた普遍的な段階であると主張した。

問題 46　ヴィゴツキー（Vygotsky, L.S.）の説明について誤りを選べ。
　　1　ソヴィエト（旧ソ連）の心理学者である
　　2　マルクス主義理論をベースにしている
　　3　発達の成熟説を完成させた
　　4　発達の最近接領域の概念を提唱した

答：3

[解説]
1　正しい。
2　正しい。ヴィゴツキー（1896-1934）は，障害児の心理・教育に独創的な研究をおこなったマルクス主義心理学者である。
3　誤り。発達における教育の役割を重視した，発達の最近接領域の概念は非常に有名である。成熟説とは反対の立場である。
4　正しい。

問題47 ピアジェ（Piaget, J.）の説明について誤りを選べ。
1 子どもの自己中心性の研究をおこなった
2 幼児・児童期の数・量・時間・空間などの概念形成過程を解明した
3 認知発達の段階理論を提唱した
4 知能検査を標準化した

答：4

[解説]
1 正しい。
2 正しい。
3 正しい。
4 誤り。知能検査という名前のつくテストは開発していない。ピアジェ（1896-1980）は，スイスの心理学者で，子どもの認知発達について大きな貢献をした。ジュネーブ大学教授，ルソー研究所教授。晩年には発生的認識論の研究をおこなった。今日の発達心理学に多大な功績を残した人物である。

問題48 ビネー（Binet, A.）の説明について誤りを選べ。
1 世界で最初の知能検査（発達検査）であるビネーテストを開発した
2 IQ（知能指数）を考案した
3 アメリカではスタンフォード・ビネー式として広まった
4 日本には，田中ビネー式，鈴木ビネー式として広まった

答：2

[解説]
1 正しい。ビネー（1857-1911）は医師であり，心理学者でもあっ

た。
2 誤り。IQ の算出法は，ビネーではなく，シュテルンの考えをスタンフォード大学のターマン（Terman, L.M.）らが実用化したものである。
3 正しい。ターマンらは，1916 年版，1937 年版のスタンフォード・ビネー改訂知能検査を作成したことで有名である。
4 正しい。

問題 49 エリクソン（Erikson, E.H.）の説明について誤りを選べ。
1 精神分析家である
2 生涯にわたる発達理論を提唱した
3 S.フロイトに大きな影響を与えた
4 青年期の問題をアイデンティティという用語で概念化した

答：3

[解説]
1 正しい。エリック・エリクソン（1902-1994）は精神分析家として有名である。似た名前に，催眠療法で有名なミルトン・エリクソンがいるので混同しないこと。
2 正しい。ライフサイクル論という形で知られる。漸成的図式を提唱した。
3 誤り。逆である。S.フロイトの娘であるアンナ・フロイトの教育分析を受け，S.フロイトを中心とした当時のウィーンの精神分析家のサークルで影響を受けたといわれる。その後，ナチス・ドイツの迫害を受けてアメリカに亡命し活躍した。
4 正しい。

問題50 S.フロイト（Freud, S.）の説明について誤りを選べ。
1 無意識の発見者として知られる
2 精神分析の創始者である
3 自由連想法を確立した
4 外向性－内向性の向性概念を提唱した

答：4

[解説]
1 正しい。S.フロイト（1856-1939）は，モラビア（現在はチェコ共和国領）に生まれ，ウィーンで活躍，ナチス・ドイツのウィーン侵攻によりロンドンに亡命し，1939年に没する。末娘は遊戯療法の基礎を築いたアンナ・フロイトである。
2 正しい。無意識，精神分析の提唱者，創始者である。
3 正しい。神経症医として勤務，自由連想法を確立した。
4 誤り。向性概念を提唱したのは，ユング（Jung, C.G. 1875-1961）である。

総合的問題
特定のテーマを多角的にチェック（5問題）

テーマ問題1　発達に関する規定因

次は人間発達の規定因と把握方法について解説した文章である。読んで，問1～問9の設問に答えなさい。

　人間の発達を支える要因についてはいくつかの代表的な立場があった。

　まず最初には，人間の発達過程は，生得的にもっている遺伝的な要素や内的秩序が，一定の順序で，時間の経過に伴って展開するという考え方が唱えられた。たとえば，ゲゼル（Gesell, A.L.）たちは，双生児に階段登りの訓練をしても長期の効果がみられなかったという1930年代の有名な実験から，①適切な成熟状態を待たなければ学習・訓練の効果は薄いと考えた。

　これに対して，初期の行動主義者は，発達的な行動の変化は個体が学習によって獲得した刺激と反応の連合の数の違いであるとした。この考え方を（　②　）説とよぶ。たとえば，行動主義者の（　③　）は，「私に何人かの子どもをまかせてくれれば，そのうちのどの子どもでも，望み通りの専門家にしてみせよう。その子の適性，才能，気質，親の職業，民族などに関わりなく，医者にでも，法律家にで

も，芸術家にでも（以下略）………」などと宣言したという。これら2つの立場は，単一要因で説明を試みているので，まとめて単一要因説とよばれる。

　こうした遺伝を重視する立場と，学習を重視する立場との論争の中から，シュテルン（Stern, W.）は，④「遺伝も環境も」ともに加算的に関与しているという考え方を提案した。ジェンセン（Jensen, A.R.）は，⑤環境からの刺激が少なくても発現してくる特性もあり，豊富な刺激によって初めて発現する特性もあるとする考え方を提出した。

　近年では，発達は環境に対して受け身的でなく，能動的なものだとする見方が定着し，時間の経過につれてダイナミックで双方向的，共働的な影響過程があるのだと考えられている。いずれにせよ，環境要因の中に，母体内環境への化学的影響を含めるかどうかによって，話はまったく変わってくる。最近，プロミン（Plomin, R.）を代表とする行動遺伝学からの新しい考え方が提出されてもいる。

　ところで，発達の変化をみるには，調査対象となる人たちの年齢変化をどう調べるかが課題となる。1つの方法は，⑥同一時点で，異なる年齢の別々の対象者を選び，そこで見出された年齢ごとの差を年齢変化とみなす方法である。別の方法は，⑦同一の対象者を，長期的に追跡調査し，年齢変化を調べる方法である。

問1　①の考え方を何というか。
問2　②の空欄に適切な語句を埋めよ。
問3　③の空欄に適切な人名を埋めよ。
問4　④の考え方を何というか。
問5　⑤の考え方を何というか。
問6　⑥の方法を何というか。
問7　⑥の方法の長所と短所を簡潔に述べなさい。

Part 1　子どもの発達を理解する

問8　⑦の方法を何というか。
問9　⑦の方法の長所と短所を簡潔に述べなさい。

解答例

問1　レディネス（準備性 readiness）
問2　学習
問3　ワトソン（Watson, J.B.）
問4　輻輳説（theory of covergence），または加算的寄与説（theory of independent additive contribution）
問5　環境閾値説（theory of environmental threshold）
問6　横断的方法（cross-sectional method）
問7　長所は，一斉に実施して多数の調査データを得ることができる，短時間で実施できるなど。短所は，1人ひとりの個人差，その当時の時代背景の影響がわからないことである。
問8　縦断的方法（longitudinal method）
問9　長所は，1人ひとりの正確な発達的変化がわかることである。短所は，調査協力者がだんだん減ってくること，調査期間が長期にわたることなどである。

関連問題：Part 1 − 1「発達の特徴」（2ページ），Part 1 − 2「生涯発達理論」（2ページ），Part 1 − 12「胎児期の感染症」（9ページ）

テーマ問題2　道徳性の発達

次の文章は，道徳性の発達に関する理論について述べたものである。読んで，以下の問1～問9の設問に答えなさい。

　道徳性の発達を説明する心理学のアプローチには，大きく3つの立場がある。1つは，精神分析学的理論である。この理論では，両親との同一視の過程を通して，文化的な規範や価値を①超自我の中に内面化することが道徳性の発達であるととらえる。S.フロイトによれば，それは5～6歳頃の②エディプス・コンプレックスの解決の結果として達成される。

　2つは，社会的学習理論である。この理論では，子ども自身に対する罰や報酬を通して，あるいは③モデリングの過程を通して学習がすすみ，社会規範の学習や愛他的行動の学習がなされると考える。

　3つは，認知発達理論である。この理論では，道徳的問題について理性的に考える道すじには，発達段階がみられるとする。この考えに立つ代表者の一人が，コールバーグである。彼は，④ピアジェの考え方を継承・発展させた研究者として知られる。コールバーグは，子どもでも，自分なりの正しさの枠組みをもっていて，それに基づいて道徳的な判断しているのだと考えた。そして，正しさの枠組みは，発達とともに質的変化をとげるとして，⑤3水準6段階からなる発達段階説を提唱した。

　他方，ギリガンは，コールバーグの理論が男性を中心とした考え方であり，男女による道徳性の発達には違いがあると主張した。彼女は，男性は「正義」を主要原理とした道徳性を発達させ，他方，女性は，⑥人間関係，気くばり，共感などを主要原理とする道徳性を発達させると指摘した。

Part 1　子どもの発達を理解する

　アイゼンバーグは，他者に利益をもたらす自発的行動全般をさして，向社会的行動という用語を用いた。なかでも，他者の利益のために，外的報酬を期待することなく，自発的・意図的になされる行動のことを愛他的行動とよんでいる。これは，自らの利益よりも，むしろ他者の福祉や正義が大切だとする価値観の内面化したものであろう。こうした行動が生じるためには，⑦相手の感情状態と同じ状態になることや⑧相手の立場に立つことが求められる。このことについて，ホフマンは，親のしつけとの関連から，力中心のしつけよりも，⑨誘導的しつけが有効であることを示唆している。

問1　①の超自我として内面化されたものを何というか。
問2　②について，簡潔に述べなさい。
問3　③の学習を何とよぶか。
問4　④のピアジェの道徳性発達理論を簡単に説明しなさい。
問5　⑤の3水準とは何か。
問6　⑥の内容を，何の道徳性とよんでいるか。
問7　⑦を何というか。
問8　⑧を何というか。
問9　⑨について簡単に説明しなさい。

解答例

問1　良心（conscience）
問2　男児が，無意識のうちに，母親に対して愛情をもち，あわせて父親に対して憎悪をいだくという複合感情（コンプレックス）のこと。
　　S.フロイトによれば，5～6歳頃には，母親へのこのような愛は父親の怒りを喚起させ，それによって男児は父親に対して恐怖感を強く感じる（去勢不安）。その結果，男児は，父親の怒りをしずめるとともに，母親の愛をも勝ち取るという問題を解

決しなければいけなくなる。そのための策として，彼自身が，母親の愛する対象としての父親のようになろうと努める。したがって，父親の存在は大きい。なお，女児の場合は，この性別は逆になるが，これはエレクトラ・コンプレックスとよばれる。

問3　観察学習（observational learning）
問4　他律的でおとなの拘束による道徳観から，自律的で仲間との協同による道徳観への変化，一方的尊敬から相互的尊敬への変化としてとらえた。無道徳の段階→他律的な道徳の段階→自律的な道徳の段階でもよいだろう。
問5　前慣習的水準（pre-conventional level），慣習的水準（conventional level），後慣習的水準（post-conventional level）の3水準である。
　1つめの前慣習的水準は，外的，準物理的行為をもとに道徳的判断をする水準である。2つめの慣習的水準は，よい・正しい役割を実行し，紋切り型の判断や，他者の期待を維持するような判断をする水準である。3つめの後慣習的水準（あるいは脱慣習的水準）は，原則的水準とも訳される。これは，道徳的な価値は，自己自身の原則，規範の維持にあると判断する水準である。
問6　配慮と責任性の道徳性（morality of care and responsibility）
問7　共感（empathy）
問8　視点取得あるいは観点取得（perspective taking），または役割取得（role taking）。
問9　自分の行為が相手に及ぼす結果について説明を加えたり，相手の立場に立って自分の行動を考えるようにさせるといったしつけのあり方。

関連問題：Part 1 - 5「コールバーグの発達段階」（4ページ），Part 1 - 22「道徳的判断の発達（ピアジェ）」（15ページ），Part 1 - 36「向社会性（アイゼンバーグ）」（25ページ），Part 1 - 45「コールバーグの貢献」（31ページ）

Part 1　子どもの発達を理解する

テーマ問題3　ピアジェの認知発達理論

次の文章は，ピアジェによる認知発達の説明である。読んで，以下の問1～問8の設問に答えよ。

スイスに生まれた発達心理学者ピアジェ（Piaget, J., 1896-1980）は，思考や知能のような，いわゆる知的な発達の道すじを，シェマ，および操作という概念を用いて説明しようとした。シェマとは説明しにくい概念であるが，平たくいえば，人が見たり聞いたり直接体験したりする時にはたらく，頭の中の図式，つまり自分がもっている知識構造のことである。「わかる」ための認知の枠組みのようなものである。操作とは，直接的な体験・行為が頭の中でおこなわれるようになったもののことといってよい。

ピアジェによると，人は，外界に対して操作をし，シェマを再構成していくはたらきをもっている。これは同化と調節の過程でもあり，この両者の均衡化にともなって認知発達が進むと考えた。

認識能力の発達は，どんな水準の操作ができるかに基づいた以下の4つの段階として描かれる。

ピアジェによる思考の発達段階

基本段階	下位段階
(1)（　①　）期	6つの段階（略）
(2)（　②　）期	前概念的思考の段階 直観的思考の段階
(3) 具体的操作期	
(4)（　④　）期	

－42－

最初の段階①は，誕生から1歳半〜2歳までの時期である。この時期は，生得的反射を基礎とした協応的・体制的な反応スタイルを形成していく時期である。

次の段階は②期とよばれ，2歳〜6，7歳ごろまでの時期である。この時期の特徴は，イメージや表象を使って，思考できるようになることにある。しかし，かならずしも，まだ十分な論理的思考を展開することはできず，かなりの混乱がみられる。その例として，③ピアジェの保存課題の解決時の反応をあげることができよう。

第3段階は，7歳ごろ〜11，12歳ごろまでの時期であり，具体的操作期とよばれる。この時期には，いろいろな論理的な操作ができるようになる。たとえば，液量の保存課題などが理解できる。ただし，具体的操作ということばに示されるように，この時期の子どもたちは，まだ課題の素材が具体的であるかどうかに依存している。したがって，重さや体積のような課題では，液量の時よりもかなり理解が遅れる。

最後の段階④は，12歳以上の時期である。この時期には抽象的な思考ができるようになっている。実際にまだ起こっていないことの可能性についても，論理的に推論できるようになる。

なお，上記の表のうちで，(1)①期の6つの段階と，(2)②期・前概念的思考の段階をあわせて，（　⑤　）段階という。これに対し，後半の(2)②期の直観的思考段階，(3)具体的操作期，(4)④期をあわせて，（　⑥　）段階という。また，(2)(3)(4)をあわせて，（　⑦　）期という。

問1　①の空欄に適切な語句を埋めよ。
問2　①の時期の名称から，どんなことがうかがえるか。
問3　②の空欄に適切な語句を埋めよ。
問4　③について，液量の保存の典型的な反応を述べよ。

Part 1　子どもの発達を理解する

問5　④の空欄に適切な語句を埋めよ。
問6　⑤の空欄に適切な語句を埋めよ。
問7　⑥の空欄に適切な語句を埋めよ。
問8　⑦の空欄に適切な語句を埋めよ。

解答例

問1　感覚運動
問2　知識は感覚と運動との結びつきを通して成立していくのだということがうかがえる。
問3　前操作
問4　2つの同じビーカーAとBに水を入れて，液量が同じであることを確認させる。別の細長いビーカーCの中に，Aの水を残らず移す。BとCの水の量を比較させると，この時期の子どもはCのほうが多いという。これは，Cのほうが水面の高さが高いという「見え」にまどわされたためとみられる。これは，液量の保存を理解する操作がまだできない証拠であるとする。
問5　形式的操作
問6　前論理的思考
問7　論理的思考
問8　表象的思考

関連問題：Part 1 − 7「ピアジェの発達段階」(6ページ)，Part 1 − 18「転導推理」(13ページ)，Part 1 − 19「3つ山問題」(14ページ)，Part 1 − 20「保存課題」(14ページ)，Part 1 − 22「道徳的判断の発達」(15ページ)，Part 1 − 25「ピアジェの具体的操作期」(18ページ)，Part 1 − 27「遊び（ピアジェ）」(19ページ)，Part 1 − 47「ピアジェの貢献」(33ページ)，Part 3 − 3「反社会的行動」(111ページ)

テーマ問題 4　青年期の人間関係

次の文章は，青年期の人間関係について述べたものである。読んで，以下の問 1 ～問 10 の設問に答えよ。

ホリングワース（Hollingworth, L.S.）は，青年期が「家族の監督から離脱し，物事を自分の判断によって決定したくなる時期」であるとして，①親から精神的に独立していく過程に着目した。この時期には，すでに②論理的・抽象的な思考ができるようになることもあって，青年は，親を中心としたおとなの現実主義的な考え方や妥協的な態度に対して矛盾を感じて批判的となり，それがしばしば衝突を引き起こす。この（　③　）期は，青年前期に特有で，親からの分離－個体化過程のあらわれとみられている。オースベル（Ausubel, D.P.）は，この過程を（　④　）の過程とよんでいる。

青年を取り巻く環境は次第に広がりをもち，中心となる心理的な人間関係は，家族から友人やモデルとなる人物へと移っていく。そして，親しい友人と行動をともにするなかで，⑤仲間集団の行動様式や判断基準などを学ぶ。

青年は，友人との付き合いのなかで互いの表面－内面のギャップを感じ，心底からは理解しあえないという「⑥孤独の体験」を経験する。しかし，他方では，友人は，知らなかった情報をもたらす存在であり，自分と比較する対象ともなり，また同一視の対象ともなるので，お互いに関係を深めていくことになる。このようにして，自己形成をしつつある青年は，自分がどのように友人からみられているのかについて強い関心をいだく。これをオルポートは（　⑦　）とよんだ。

青年期に入るころには，⑧身体的・生理的な著しい変化がみられ，

Part 1 子どもの発達を理解する

それとともに異性や恋愛，性への関心が高まってくる。ビューラーは，生物学的観点から，青年期は個体が補充を必要とする時期であり，その根本体験として異性への（　⑨　）が生じるのだと特徴づけている。

異性への関心は，淡い恋心を抱いて異性を美化し偶像化する空想的・想像的な段階から，次第に現実的，客観的に眺められるようになるとともに，実際的な関係をもとうとするようになる。

問1　①の過程を何というか。
問2　②の認識能力は，ピアジェの認知発達段階では何にあたるか。
問3　③の空欄に適切な語句を埋めよ。
問4　④の空欄に適切な語句を埋めよ。
問5　⑤のように，仲間集団の中で共有して形成されるものを何というか。
問6　⑥の下線部のように青年期の特徴をとらえたのは誰か。
問7　⑦の空欄に適切な語句を埋めよ。
問8　⑧の下線部によって身体に現れる特徴を何というか。
問9　⑧の下線部は，時代によってその発現の年齢が異なり，若い世代のほうが低年齢化していることが知られている。この現象を何というか。
問10　⑨の空欄に適切な語句を埋めよ。

解 答 例

問1　心理的離乳（psychological weaning）
　　　乳児期の生理的な離乳になぞらえて表現した。
問2　形式的操作期

問3　第2反抗
問4　脱衛星化（desatellization）
問5　集団規範（group norm）
　集団規範に従うことは，同調行動（conforming behavior）であり，それに反することは逸脱行動（deviant behavior）とよばれる。
　したがって，仲間からみて逸脱しているとみなされれば，仲間はずれにされる。青年はひとりぼっちになることを嫌い，そのために集団に同調する。極端な場合には，反社会的行動を引き起こすこともある。
問6　シュプランガー（Spranger, E.）
　自我の発見は「孤独の体験」を伴うとした。
問7　社会的自己（social self）
　オルポート（Allport, G.W.）は，自分についての社会的評価や評判を社会的自己とよんだ。
問8　2次性徴
　これは，にきびや体毛の発生，初潮や精通現象，筋肉質の体型（男）や，ふくよかな体型（女）などを総称したものである。
問9　発達の加速現象
　ベンホルト・トムゼン（Benholdt-Tomsen, C.）は，ヨーロッパの資料を整理して，「若い世代の身体発達が量的に増大し，急増の時期や2次性徴などの発現の時期が早期化してきた」ことを明らかにし，これを「発達の加速現象」と呼んだ。
問10　憧憬
　ビューラー（Bühler, C.）は，個体が補充を必要とするところに青年期の生物学的意味があり，そこから精神的な「憧憬」が生じると述べている。

関連問題：Part 1 - 28「反抗期」(20ページ)，Part 1 - 33「心理的離乳」(23ページ)，Part 1 - 34「思春期」(24ページ)，Part 1 - 35「疾風怒濤の時期」(24ページ)，Part 3 - 13「ソーシャル・サポートの内容」(118ページ)

Part 1 子どもの発達を理解する

テーマ問題 5　エリクソンの発達理論

　次の文章は，エリクソンの発達理論について述べたものである。読んで以下の設問に答えよ。

　自分とは何か？　この問いに対する答えは，さまざまであるが，いずれにせよ，次の点だけは共通である。すなわち，〈わたしはわたしであって，他の何ものでもない〉〈自分らしさ，それがわたしだ〉。
　この問いかけに正面から挑戦した精神分析家が，①エリクソン(Erikson, E.H.)である。彼は，心理－社会的観点から，発達漸成理論図式とよばれるライフサイクル理論を唱えた。この理論は，人間が生物的存在として生命を受けて死に至る心理生物的過程と，人間社会の中でさまざまな相互作用を経て成長していく社会的過程との相互関係から，人間の心理社会的発達をとらえようとするものである。
　この発達理論は，異なる方向性をもつ一対の②心理・社会的危機(crisis)に特徴づけられる。たとえば最初の乳児期段階では，母性的養育者（母親）との対人的関係のなかで，〈基本的信頼感（あるいは信頼）対 不信感〉という同調的性向か非同調的性向かの意志決定問題が心理・社会的危機として位置づけられている。そして，このバランスによって，その個人を生かし活動を意味づけ，生き生きとさせる内的な力として，徳（virtue）が備わる。最初の乳児期段階の徳は，人生に対する最も基本なパースペクティブ，希望（hope）である。
　とりわけ特筆すべきは，③青年期の危機について，〈アイデンティティ達成 対 アイデンティティ拡散（あるいは同一性 対 同一性拡散）〉をあげて，④アイデンティティ論を展開するとともに，青年

期はこの危機を乗り超えるために⑤社会的に責任や義務を一時的に猶予されている時期であるとしたことにある。

マーシャ（Marcia, 1966）は，青年期のこの危機を解決する過程を，アイデンティティ・ステイタス（同一性地位と訳することもある）の問題として実証的に⑥類型化したが，これがきっかけとなって多くの研究がみられ，また最近は中心となる環境，すなわち各時期の⑦相互性に注目した研究も盛んになってきた。

エリクソンの理論は，アイデンティティ論とともに，人生全体を展望していることから，発達的研究の重要な理論的基礎を提供している。

問1　①エリクソンが最も影響を受けたのは誰の理論か。
問2　②を簡単に説明せよ。
問3　③の青年期に獲得されることが期待される徳（virtue）は何か。
問4　④でアイデンティティの感覚とされているものを2つあげよ。
問5　⑤の状態は何とよばれるか。
問6　⑥は，どんな基準によって類型化されるか。
問7　⑥のうち，アイデンティティ達成型とは何か。
問8　⑦の相互性のうち青年期に重要とされるのは，どんな人との相互性か。
問9　エリクソンは，著名人のライフヒストリーを理論に従って分析しているが，その人物の例をあげよ。
問10　エリクソンの著作のうち，主要なものを2つあげよ。

Part 1　子どもの発達を理解する

解答例

問1　S.フロイト（Freud, S.）の精神分析理論

問2　道（コース）が分かれる分岐点，峠
危険という意味ではない。なお，8つの心理・社会的危機は，順に，「基本的信頼感（あるいは信頼感）対 不信感」「自律性 対 恥・疑惑」「自発性（あるいは主導性）対 罪悪感」「勤勉性（あるいは生産性）対 劣等感」「アイデンティティ達成（あるいは同一性）対 アイデンティティ拡散（あるいは同一性拡散）」「親密性 対 孤立」「生殖性 対 自己吸収」「統合性 対 絶望（あるいは嫌悪・絶望）」である。

問3　忠誠（あるいは誠実）
最初の段階から順に，希望，意志（あるいは意志力），決意（あるいは目標），適格性（あるいは才能），忠誠（あるいは誠実），愛，世話，英智である。したがって，青年期の徳は忠誠（あるいは誠実）である。［なお問2，問3のかっこ内の用語は訳語の不統一によるものである］

問4　一貫して自分は同一であるという同一性感（sameness）と，時間的に自分は連続した存在であるという連続性（continuity）の感覚。

問5　モラトリアム（moratorium）
エリクソンは，青年が社会から責任・義務を免除されていることをこのように表現した。

問6　マーシャが取り上げたアイデンティティ・ステイタス（同一性地位）は，職業とイデオロギーの2領域における「危機」の経験の有無，および積極的関与の有無の2×2の組み合わせによって，合計4つの類型に分けられる。

問7　上記（問6の解答例）にある基準のうち，「危機」を経験し，「積極的関与」を行っている類型である。

問8　仲間集団・外集団（リーダーシップのモデルとして）

問9　ルター（宗教改革で有名），ガンジー（インド，無抵抗主義で有名），ヒトラー（ナチス，ドイツ）などである。

問10　『幼児期と社会』（みすず書房），『老年期』（みすず書房），『主体

性-青年と危機-』(北望社),『洞察と責任』(誠信書房),『青年ルター』(教文館),『ガンディーの真理』(みすず書房),『玩具と理性』(みすず書房) などがある。

関連問題: Part 1 - 6「エリクソンの発達段階」(5ページ), Part 1 - 38「アイデンティティ」(27ページ), Part 1 - 39「アイデンティティ」(27ページ), Part 1 - 40「アイデンティティ拡散」(28ページ), Part 1 - 41「アイデンティティ・ステイタス」(29ページ), Part 1 - 49「エリクソンの貢献」(34ページ)

Part 2
教職の基礎：学習指導／学級経営

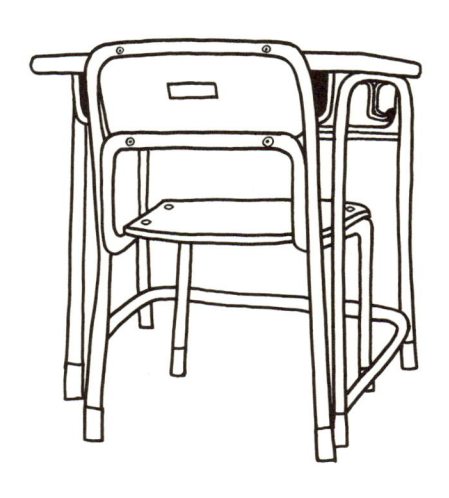

四肢選択問題
基礎知識を幅広くチェック（50問題）

> **問題1　教育評価の用語の意味について誤った説明を選べ。**
> 1　集団の中で個人の相対的位置を調べるテストを集団準拠テスト（NRT）という
> 2　目標の達成度を調べるためのテストを目標準拠テスト（CRT）という
> 3　対象を測ることを測定という
> 4　測定した資料を統計的に分析することを評価という

答：4

[解説]
1　正しい。わが国では，集団（基準）準拠テスト（norm-referenced test; NRT）による評価は相対評価といわれる。
2　正しい。目標（規準）準拠テスト（criterion-referenced test; CRT）による評価は，絶対評価（あるいは到達度評価，達成度評価）などといわれる。なお，選択肢1と選択肢2であるが，これは必ずしも対比関係があるわけではない。目標準拠テストの結果を使って相対評価をすることもできる。
3　正しい。教育に関する測定が教育測定（educational measurement）である。
4　誤り。これは統計処理のことであり，評価ではない。

問題2 **標準検査**について**誤った**説明を選べ。
1 マニュアルがある
2 コンピュータ採点である
3 妥当性がある
4 信頼性がある

答：2

[解説]
1 正しい。標準検査は，多数の標本集団に対して問題を実施して標準的な成績とマニュアルとを備えたテストのことである。妥当性と信頼性の高いことが条件である。学校で使う標準検査には，各種の学力検査，進路適性検査，知能検査などがある。
2 誤り。必ずしもコンピュータ採点とはかぎらない。
3 正しい。妥当性の確保は標準検査の条件である。
4 正しい。信頼性の確保も標準検査の条件である。

問題3 学習指導の過程でおこなう形成的評価（formative evaluation）について**誤った**説明を選べ。
1 指導中におこなう
2 おもに絶対評価を用いる
3 成績を決定する資料とする
4 指導の調整に役立てる

答：3

[解説]
1 正しい。形成的評価とは，指導中に，指導の調整のためにおこなう評価である。教師作成のテスト，観察法，評定法，口頭での質問などの方法を援用する。
2 正しい。

3 誤り。形成的評価は，単元の途中などで，指導の調整のために役立てるのが主な目的である。児童生徒の成績を決定するために資料をとるのが主な目的ではない。
4 正しい。

問題4　動機づけの説明のうちで誤った記述はどれか。
1 人の意欲を喚起して行動へと駆り立てる過程である
2 行動を始発させる誘因機能がある
3 始発した行動を維持する維持機能がある
4 行動を一定の方向に導いて集結させる指向的機能がある

答：2

[解説]
1 正しい。動機づけの定義である。動機づけ（motivation）は，行動の個人差を説明するための内的な概念である。ある条件でAさんが行動し，Bさんが行動しないとしたら，その原因は両者の動機づけの違いであるとみなす。
2 誤り。動機づけのうち，活動性を高め，行動を始発させる機能は，始発機能（あるいは賦活機能）とよばれる。
3 正しい。
4 正しい。なお，動機づけの3つの機能は，(1) 行動を始発させる賦活的機能，(2) 行動を目標へと指向させる指向的機能（あるいは，行動を適切に選択する選択機能），(3) 目標に到達して行動を強化する強化機能，とする別説もある。

問題5　学習指導の過程でおこなう総括的評価について誤った説明を選べ。
1 時期としては，単元の終わり，学期の終わり，学年の終わりになされる

```
 2  指導計画の改善，指導法の改良に役立つ
 3  成績決定の参考資料にする
 4  主に相対評価を用いる
```

答：4

[解説]
1　正しい。評価の分類については，学習指導の過程に応じて診断的評価（diagnostic evaluation），形成的評価（formative evaluation），総括的評価（summative evaluation）が知られている。この設問で扱う総括的評価は，単元，学期，学年など指導が一段落した最後に，指導計画や指導法の改善，成績の決定のためになされる。
2　正しい。
3　正しい。
4　誤り。評価の別の分類法として，何に照らして評価するかによって，絶対評価（あるいは到達度評価，達成度評価），相対評価，さらには分類上同列ではないが個人内評価が知られている。この設問の総括的評価では，相対評価だけでなく，絶対評価あるいは個人内評価を併用しておこなうので，誤り。

```
問題6　指導要録の中に児童生徒の「関心，意欲，態度」を
       記載する欄がある。それは何というか，正しいものを
       選べ。
 1  観点別評価
 2  評定
 3  行動の記録
 4  生活の記録
```

答：1

[解説]
1　正しい。

2 誤り。
3 誤り。正確には誤りではないが，直接的に記載をする欄は観点別評価の欄である。
4 誤り。

問題7　口頭試験の一般的な活用について不適切な記述を選べ。
1　質問内容はあらかじめ準備する
2　質問内容が理解できないときには答えを無理に求めない
3　質問は簡潔なものがよい
4　相手に緊張させないように努める

答：2

[解説]
1　正しい。これをしないと，相手ごとに別の質問になってしまうことがある。
2　誤り。相手に応じて，なるべく豊富な回答を引き出すことが重要であり，それが，対面しているという面接法の長所を生かすことになる。そうでなければ，論述形式でよいことになる。質問内容が理解できない時には，別の角度から言い換えて質問してみるほうがよい。答えることができるかもしれない。
3　正しい。正しく質問を伝えることができ，答える時間も確保できる。
4　正しい。このほか，目的によっては，客観性を保つことが伝わるように複数の面接官があたるような工夫をするほうがよい。

問題8　次のなかには，面接法や評定尺度法でよく生じる対人的な評価のゆがみが含まれている。それはどれか。
1　ハロー効果
2　シャルパンティエ効果

3　ピグマリオン効果
4　マスキング効果

答：1

[解説]
1　正しい。ハロー効果は，光背効果 halo effect ともいう。ソーンダイク（Thorndike, E.L.）により命名された。たとえば，評価者がAさんに何か1つの優れた特徴があるとみなすと，さらにAさんの他の特徴全般についても優れていると判断してしまうという場合である。「光背」は，キリスト教で神や聖者をあらわす頭部の白色や金色の輪，つまり光輪のことである。ハロー効果は，面接法や観察による評定において，人物を評価する時に陥りやすい錯誤である。
2　誤り。シャルパンティエの錯覚（Charpentier's illusion）は，大きさ－重さの錯覚の現象のことである。
3　誤り。教師期待効果のことであるが，これは，面接や評定尺度そのものとは直結しない。
4　誤り。音の遮蔽，視覚的マスキング（visual masking）は，音や視覚の妨害現象に関する情報処理の問題である。したがって，これとは無関係である。

問題9　次は論文体テストで見かける設問文の文末である。目的に合わない組み合わせを選べ。

1　「～記述せよ」──あるトピック，理論などを詳しく書かせる
2　「～説明せよ」──あるトピック，理論などの細かい点を明らかにして，解釈を加えさせる
3　「～比較せよ」──あるトピック，理論などの重要な特徴について，何かと何かの異同に言及させる
4　「～評価せよ」──あるトピック，理論などの長所を示

して価値判断させる

答：4

[解説]
1　正しい。「〜述べよ」とする設問もほぼ同じである。比較的焦点のはっきりしない解答になりやすい設問文である。
2　正しい。これもよく見かける設問文で、上記と似ている。解釈部分を付加することを求めている。
3　正しい。何かと何かを明確に対比して述べさせる時に用いる。
4　誤り。この設問文は、長所だけではなく、短所についても示して、両方に絡めながら価値判断をさせる時に用いる。なお、論文体テストには、このほかにも、「例証せよ」「分析せよ」「要約せよ」「対照せよ」「証明せよ」「定義せよ」「詳述せよ」ほか、いろいろな質問の仕方がある。問題作成者は、何を知りたいのか目的を絞って、所定の設問文を作成することが大切である。

問題10　論文体テストの採点に影響する要因についてもっとも不適切な説明を選べ。
1　筆跡がきれいだと成績得点が高くなる
2　その生徒に対する教師の期待が低いと成績得点が低くなる
3　誤字・脱字の量が多いと成績得点が低くなる
4　最初に採点した採点は厳しいが、採点が進むにつれて採点が甘くなる

答：4

[解説]
1　正しい。筆跡が採点者の採点に影響するという傾向は、調査研究によって確認されている。
2　正しい。ハロー効果が採点に影響することは、ソーンダイクの教

育測定運動によって実証された。能力が高い生徒の答案は高い点数を付けられやすく，問題をおこす生徒の答案は不利に解釈されがちであるといわれる。したがって，採点時には名前を伏せることが奨められる。

3　正しい。

4　誤り。かならずしも，そうはいえない。(1) 最初は甘いが次第に厳しくなる調査報告と，(2) 逆に最初は厳しいがだんだん甘くなる調査報告と，(3) 順序には影響しないとする報告とがある。いずれにせよ，複数者で採点するとか，採点のポイントを細かくするとか，設問文に留意してある程度解答の方向性を指示するとかの慎重な配慮をすることが必要になる。

問題 11　次のうちで再認形式の客観的テストはどれか。

1　完成法
2　訂正法
3　配列法
4　短答法

答：3

[解説]

1　誤り。完成法は，空欄を埋める設問であり，記憶の再生形式によっている。

2　誤り。訂正法は，誤りを訂正させる設問である。記憶の再生形式による。

3　正しい。配列法は，順序のバラバラなものを一定の順序に並べ替えさせる設問である。記憶の再認による。このほかの再認形式には，多肢選択形式，組み合わせ形式など多種ある。ちなみに，いま解答している形式は，四肢選択法という多肢選択形式の1つである。

4　誤り。短答法は単純再生法ともいう。単語，年号，人物名などを書かせる形式がその例である。

Part 2 　教職の基礎：学習指導／学級経営

問題 12　目標準拠測定の特徴について不適切な記述を選べ。

1　資格試験には，目標準拠測定が役立つ
2　完全習得学習は，この測定に基づいて評価をする
3　創造性，関心・意欲・態度の領域の把握には無理がある
4　指導目標が明確なので評価規準の設定が容易にできる

答：4

[解説]
1　正しい。目標準拠測定は，いわゆる絶対評価（到達度評価）の基礎になる測定である。資格試験は，要するに到達目標の見きわめであるから，目標準拠測定になる。
2　正しい。なお，完全習得学習の理論とは，十分な時間と適切な教育指導が与えられれば，ほとんどの子ども（95％あるいは90％）はその教科内容を完全に習得できるとする理論である。基礎・基本の習得をめざすならば，完全習得学習の測定は目標準拠測定となる。
3　正しい。到達目標を立てるのは困難である。
4　誤り。指導目標の分類や具体化はむずかしく，評価のクライテリオン（規準，基準の訳語が混在している）も立てにくい。なお，本書ではnormを基準，criterionを規準と訳しているが，逆の立場の研究者もいる。

問題 13　テスト結果の表し方について誤った説明を選べ。

1　学力偏差値は，10（［個人の得点］－［集団の平均値］）／［標準偏差］＋50で求められる
2　偏差値による5段階表示の人数百分率は，5〜1の順に，全体の7％，24％，38％，24％，7％である
3　成就値は，［知能偏差値］－［学力偏差値］で求められる
4　回帰成就値は，成就値のゆがみを修正しようと考案さ

－62－

れた値である

答：3

[解説]
1　正しい。偏差値とは統計用語である。したがって，知能得点の偏差値表示をしたものが知能偏差値，学力得点の偏差値表示をしたものが学力偏差値ということになる。もし，体力テストの数値を偏差値表示すれば，体力偏差値とよぶことになる。
2　正しい。
3　誤り。逆であり，正しくは，[学力偏差値]－[知能偏差値]である。成就値とは，学力検査と知能検査の結果に基づいて，知能の高さに見合う学習効果をあげているかどうかをみる値である。ただし，この式では，知能得点の低い人は成就値が高くなり，知能得点の高い人は成就値が低くなってしまう（もともと低いと，伸びる余地が大きいということ）。そこで，新成就値（回帰成就値）が工夫されている。
4　正しい。

問題14　偏差値について，明らかに誤った説明を選べ。

1　偏差値の名称は日本のオリジナルである
2　Ｚ得点（Z-score）を偏差値とよぶ
3　偏差値は絶対尺度である
4　Ｔ得点（T-score）を偏差値とよぶ

答：3

[解説]
1　正しい。偏差値という用語は，統計学的にはあいまいなので使わないほうがよいが，マスコミでは好んで使われてきた。
2　正しい（正確には，「誤りといえない」）。ただし，偏差（deviation）は平均値と得点の差のことだから，本来は，Ｚ得点は標準得点（standard score）とよんだほうがよい。$Z = 10z + 50$ をよく

使う。
3　誤り。平均を原点とした間隔尺度である。
4　正しい。正規分布を前提に、あるいは正規化してＺ得点の手続をとったものをＴ得点といい、使用目的からいえば、これが偏差値 (deviation score) とよばれる。

問題 15　知能検査の教育利用について妥当でない言説を選べ。
　1　知能検査には、特定の文化圏の人たちには見なれない内容が含まれている
　2　知能検査は、学習の動機づけや健康について調べることができない
　3　知能検査の結果は、子どもに優劣のラベルを貼り付ける
　4　発達的にみると知能指数は変動する

答：3

[解説]
1　正しい。異文化の人たちに不利な問題が含まれていることからカルチャー・フリー・テスト (culture free test) が開発されたが、いまなお不十分なままである。
2　正しい。知能検査の問題からは、学習の動機づけや健康状態が把握できないから、とくに高学年の学校学習の予測には直結しない。
3　誤り。一部で、このような誤用があることは事実であるが、もちろん、知能検査の目的は子どもに対して優劣のラベルを貼り付けることではない。使う人、利用する人が専門的に正しく活用すべきである。
4　正しい。知能指数は、生涯にわたり不変ではなく、むしろ変動する。

問題 16　リテラシーについて誤った説明を選べ。
　1　読み書き能力をリテラシーという

2 読み，書き，そろばん（計算）を3R'sという
3 コンピュータやビデオを使った受信・発信や，その理解能力をメディアリテラシーという
4 計算能力をナンバーリテラシーという

答：4

[解説]
1 正しい。識字能力，読み書き能力のことをリテラシー（literacy）という。これを現代の社会生活からみると，ただ文字の読み書きそのものができるだけではなく，相手に対してコミュニケーションがとれることが重要であるから，実際には，これは機能的読み書き能力（functional literacy）をさす。
2 正しい。reading, writing, arithmetic の3つであり，いずれの単語にもRが含まれているので，3R'sという。関連して，「学校の役割としての4R's」などという時には，この3つのほかに新たに人間関係（human relation）を加えている。
3 正しい。メディアを使った情報のやりとりに関する能力である。
4 誤り。基本的な計算能力はニュメラシー（numeracy）という。ニュメラシーは，「数の numeral」と「識字 literacy」を組み合わせた造語である。最近は，同じ意味で，数学的リテラシー（mathematical literacy）という用語でよばれることも多い。

問題17 練習方法について誤った記述を選べ。
1 一定の学習課題を，始めから終わりまでひとまとめに反復練習する方法を全習法という
2 一定の学習課題をいくつかに分割して，部分ごとに学習していく方法を分習法という
3 反復練習で，時間的に集中して反復学習する方法を集中学習という
4 反復練習で，学習時間を分割して間に休憩時間をとっ

て学習する方法を分割学習という

答：4

[解説]
1 正しい。全習法（whole method）は，分習法のように下位課題どうしの結合を念頭に置かなくてもよいので，一般的に分習法よりも有利であるとされる。しかし，学習する単位が大きいので動機づけが下がるという欠点がある。
2 正しい。分習法（part method）には，A→B→C→ABCのように各部分をしっかりマスターしたあとで全体を通して学習する場合，A→AB→ABCのように単純に付加していく場合などがある。
3 正しい。分散学習の対語である。一般的には，集中学習（massed learning）の方が効率が劣るとされる。
4 誤り。「分割」ではなく，分散学習（distributed learning）という。一般には分散学習の方が効率がよいとされる。年齢，性別，課題の性質などによって異なる。

問題18 発見学習について誤った記述を選べ。
1 児童生徒の帰納的な推理力の育成をはかる方法である
2 ブルームが中心になって学習法を確立させた
3 児童生徒の直観的な思考を要求する学習法である
4 教師が準備して発見状況をお膳立てすることがある

答：2

[解説]
1 正しい。発見学習（discovery learning）の長所は，内発的動機づけの増加，発見の技法の学習，問題解決に役立つ知識の獲得，体制化された知識による保持と転移の促進などといわれる。
2 誤り。ブルーム（Bloom, B.S.）ではなく，ブルーナー（Bruner, J.S.）である。
3 正しい。

4 正しい。教師があらかじめ準備して児童生徒に発見させるような「導かれた発見 guided discovery」を設定することもある。

問題 19 内発的動機づけの説明について誤った記述はどれか。
1 好奇心に基づく
2 概念的な葛藤が内発的動機づけを引き起こす
3 既知の知識と矛盾する知識が内発的動機づけを引き起こす
4 賞や罰の大きさ・強さによって内発的動機づけが喚起される

答：4

[解説]
1 正しい。知的好奇心（認知的動機づけ）ともいわれる。
2 正しい。バーライン（Berlyne, D.E.）によると、既有知識と矛盾する新情報が与えられた時に驚きや疑問が生じて、概念的な葛藤（コンフリクト）が生まれる。この葛藤によって知的な好奇心が活性化されて内発的動機づけ（intrinsic motivation）が高まるという。
3 正しい。これは、選択肢2をいいかえただけである。
4 誤り。賞や罰は、外発的な動機づけ(extrinsic motivation)である。内発的動機づけは、行動自体が目的として引き起こされる場合の動機づけであり、定義上は、これとは異なる。

問題 20 注意について誤った記述を選べ。
1 あることに注意して他を無視することを選択的注意という
2 カクテル・パーティー現象とは選択的注意の一例である
3 覚えようとしないのに記憶にとどまることを偶発的学

Part 2　教職の基礎：学習指導／学級経営

習という
4　維持型リハーサルをすると注意が妨害される

答：4

［解説］
1　正しい。選択的注意（selective attention）という。
2　正しい。カクテル・パーティー現象（cocktail party phenomena）は，最初，チェリー（Cherry, 1953）が実証した。近くに大勢の人がざわついて話していても，それを雑音として無視し，向こうにいる人の声を選択的に聞き取ることができるというカクテル・パーティー会場の時のような現象から命名された。教室でも，前の席で雑音があっても遠くの声が聞き取れることがあるが，これもそうである。
3　正しい。
4　誤り。短期記憶から長期記憶への転送は，連想的，意味的に処理しようとする精緻化リハーサル（elaborative rehearsal）によって転送されるといわれる（クレイクとロックハート Craik & Lockhart, 1972）。維持型リハーサル（maintenance rehearsal）は，そこでの情報の維持に寄与する。

問題 21　忘却についてもっとも誤った説明はどれか。
1　「喉まで出かかる現象」は，記憶の検索の失敗による
2　覚えた後で睡眠をとると記憶が定着するのは順向干渉を防ぐからである
3　「非常に苦痛な記憶は忘却される」とするのは精神分析的な説明である
4　マジカルナンバー（不思議な数字）7とは，記憶範囲のことである

答：2

[解説]
1 正しい。英語では，舌端現象（tip of the tongue phenomenon）といわれる。いわゆる「ど忘れ」の状態であり，何かのヒントで思い出すことが多い。
2 誤り。睡眠前にAを覚えてのち，さらにBを覚えるとAの記憶が妨害される時，時間的には逆に戻ってB→Aと妨害されたので，これを逆向（行）干渉（retroactive interference）という。選択肢の設問文ではBの項がない。つまり，逆向（行）干渉をさける操作になっている。選択肢で順向（行）干渉（proactive interference）とは，A→BでAのために新たなBが定着しない場合であるから，この場合は誤りである。正しくは，睡眠は逆向（行）干渉を避ける操作である。ただ，このメカニズムは詳しくはわかっていない。
3 正しい。S.フロイト（Freud, S.）は，自我を脅かすようなことの記憶や衝動を無意識の世界に封じ込めるメカニズムとして抑圧（repression）の用語を用いて説明した。
4 正しい。ミラー（Miller, 1956）は，継時的に（時間的に順番に）入力した情報の記憶容量が7±2チャンク（chunk）であることを実証した。これは，直接的な記憶範囲（immediate memory span）のこととされている。なお，チャンクとは，覚える人が意味的にまとめた固まりのことである。たとえば，［1192］がランダムな数字なら，1つひとつが1チャンクで合計4チャンクであるが，［1192］を鎌倉幕府の成立年と意味処理すれば［1192］が1チャンクとなる。なお，近年は，記憶範囲についてリハーサル時間の観点から説明する研究も生まれている。

問題22 学習性無力感（learned helplessness）について誤った記述を選べ。

1 学習性無力感とは，学習する能力のないことである
2 学習性無力感とは，いわゆる「やる気のなさ」のことである
3 学習性無力感は，解消・克服することができる

4 学習性無力感の存在は，心理学実験によって実証された

答：1

[解説]
1 誤り。セリグマン（Seligman, 1975）は，回避できない事態で電気ショックを受けたイヌが，やがては電気ショックのない事態でも回避訓練の成績を悪化させることを実証した。この実験結果は，逃げられないという，いわゆる無力感をイヌが形成（学習）したものと解釈された。セリグマンは，この学習性の無力感（learned helplessness）の考えを学業不振児のやる気のなさの説明にも応用している。無力感は学習性のものであるとされており，能力ではない。
2 正しい。つまりは，能力への過小評価の認知の問題である。能力そのものがないということではない。
3 正しい。〈無力である〉と学んでしまったわけであるから，〈そうではないよ〉と再学習させればよい。俗にいうと，やる気のない子に自信をつけさせて，やる気を回復させるということである。
4 正しい。選択肢1の解説を再読すること。

問題23 評価のゆがみについて誤った説明を選べ。
1 寛大化エラーとは，評定者が友人，好きな人，自分の学級の子どもなどの対象に対して，実際よりよい方向へゆがめて評定してしまうことである
2 ステレオタイプとは，多くの情報を処理しきれないで評価がゆがむことである
3 厳格化エラーとは，評定者が，未知の人，きらいな人などの対象に対して，実際より悪い方向へゆがめて評定してしまうことである

4 論理的エラーとは，無関係な２つを論理的に同じとみなす評価のゆがみである

答：2

[解説]
1 正しい。寛大化エラー，または寛大化効果（leniency effect）とは，実際よりも好ましい方向へ評定をしてしまうことである。なお，これは（正の）寛容効果ともいう。たとえば，「親のひいきめ」。
2 誤り。社会心理学でいうステレオタイプ（stereotype）とは，ある集団に対する評価がゆがむことであり，紋切型ともいう。「中学生は〜だ」のように，その集団の成員（メンバー）全般に対して十把ひとからげの認知を割りあてることによって，単純に決めつけてしまう。なお，臨床心理学では，別の意味で用いられ，これを常同症と訳している。
3 正しい。厳格の誤り，あるいは厳格化エラー（severe error）とは，実際よりも厳しく評定をしてしまうことである。負の寛大化エラー，負の寛容効果ともいう。
4 正しい。たとえば，社交的な人は親切である，精力的な人は攻撃的であると考えてしまうといった認知のエラーなど。包装効果（packaging effect）とほぼ同じである。

問題24 次は学習方法と開発者の組み合わせである。誤りを選べ。
1 直線型プログラム学習――スキナー
2 有意味受容学習――ブルーナー
3 枝分かれ型プログラム学習――クラウダー
4 先行オーガナイザーによる学習――オーズベル

答：2

Part 2 教職の基礎:学習指導／学級経営

［解説］
1 正しい。スキナー（Skinner, B.F.）は，ティーチング・マシーンを開発して CAI（コンピュータ支援教育，コンピュータ利用教育）の基礎を作ったとされる。
2 誤り。有意味受容学習(meaningful reception learning)は，オーズベル（Ausubel, D.P.）が示したものである。
3 正しい。スキナーの直線型プログラム学習とは別に，クラウダー（Crowder, N.A.）は枝分かれ型のプログラム学習を提唱した。
4 正しい。先行オーガナイザー（advanced organizer）とは，オーズベルのいう有意味受容学習において，ある教材を学ばせる時に先立って導入した学習内容の中心概念のことである。あらかじめ提示すると，これが学習内容を構造化して有意味に学習させる効果をもつとされる。

問題 25 バズ学習について誤った説明を選べ。

1 バズ学習のバズは，蜂の出す〈ブンブン〉という音のことである
2 集団を利用した学習指導の方法である
3 習熟度別（能力別）編成のメンバーに効果がある
4 バズ学習は，一斉授業の過程の一部分の時間になされる

答：3

［解説］
1 正しい。バズ学習（learning by buzz session）は，人が「ワイワイ，ガヤガヤ」と討議している状態であり，蜂の「ブンブン」という音を出すことにたとえたものである。
2 正しい。集団討議法のバズ・セッションを，塩田芳久（名古屋大学）が教科学習にとりいれたのがバズ学習である。
3 誤り。メンバーの能力が異なるようなグループ編成の時に効果的であるとされている。
4 正しい。

問題26 ピグマリオン効果について誤りのある記述を選べ。
1 教師期待効果ともいう
2 ピグマリオン効果という用語は，ギリシャ神話にちなんでいる
3 教師がプラスの期待をもって振る舞うと，その児童の知能得点が上昇した
4 ピグマリオン効果の実験結果は，その後の研究でも再確認され実証された

答：4

[解説]
1 正しい。R.ローゼンソールら（Rosenthal *at al*., 1968）によって実証された。
2 正しい。ピグマリオン（Pygmalion）は，キプロス王の名前である。自分の彫った女性像に恋して現実のものに変えたいと願ったところ，女神アフロディテ（ヴィーナス）は，その像に生命を吹き込んだという。
3 正しい。
4 誤り。その後の研究によると，方法上の問題点が指摘されるなど，この効果の存在はかならずしも確認されていない。

問題27 教育過程について，「どの教科でも，その基礎を発達のどの段階にある子どもにも効果的に教えることが可能である」といったスローガンを掲げた人はだれか。
1 ヴィゴツキー（Vygotsky, L.S.）
2 ブルーナー（Bruner, J.S.）
3 ブルーム（Bloom, B.S.）

Part 2 教職の基礎：学習指導／学級経営

4 オーズベル（Ausubel, D.P.）

答：2

[解説]
1 誤り。ヴィゴツキーは，思考の内言と外言，発達の最近接領域の概念の提唱で知られる。
2 正しい。ブルーナーは，発見学習，認識能力の成長の研究などで有名である。
3 誤り。ブルームは，教育評価の分野で形成的評価を提唱した。完全習得学習の研究でも知られている。
4 誤り。オーズベルは，有意味受容学習で有名である。オーズベルの有意味受容学習は，ブルーナーの発見学習と比較検討されてきた。

問題28 適性処遇交互作用について最も正しい記述を選べ。
1 教授法の違いは，子どもの学習適性の違いに有利・不利を及ぼす
2 子どもの適性は，教育への投入時間に比例して伸びる
3 教師の特性は，学習適性の低い子どもに対してのみ効果を及ぼす
4 子どもの適性は，教師によって異なる効果を受ける

答：1

[解説]
1 正しい。英語では，aptitude treatment interaction；ATIという。Aは学習者の能力や性質などの適性である。Tは学習方法として使われる教授法である。クロンバック（Cronbach, L.J.）は，同じ学習者でも教授法によって効果が異なり，他方で同じ教師でも学習者の適性によって効果が異なるというATIの効果を提唱した。これにより，学習者の適性と教え方（教育方法）との相性が注目された。
2 誤り。

3 誤り。
4 誤り。

問題29 次のうちで教育工学に無関係のものはどれか。
1 CAI
2 MFF
3 OHP
4 CMI

答：2

[解説]
1 正しい。CAI は computer-aided（または computer-assisted）instruction のことであり，コンピュータ支援（利用）教育と訳されている。コンピュータを教育に利用することである。
2 誤り。MFF は，matching familiar figure test（図形照合テスト）の略である。ケイガン（Kagan, J.）が考案したテストで，思考のタイプである熟慮型と衝動型を調べるテストとして知られる。
3 正しい。オーバー・ヘッド・プロジェクター（over head projector；OHP）のことである。
4 正しい。CMI は computer managed instruction のことである。学校や学級の経営など，広くコンピュータを利用して統括することである。

問題30 各種の相関係数を使った統計処理のうちで妥当なものはどれか。
1 A中学校の生徒の国語と英語のテスト得点に関して，ピアソンの積率相関係数を求めた
2 小学校1年生B組の児童について，4月からの生まれ

月に順位をつけ，50メートル走の着順に順位をつけ，両者の間でピアソンの積率相関係数を求めた
3　中学校「理科」の実験参加の意欲について5段階で得点を付け，理科の中間テスト成績の順位との間でピアソンの積率相関係数を求めた
4　小学校3年C組の児童の「国語」の授業中の態度を，教師が5段階で評定した。他方で，「国語」「社会」「算数」などの各教科のうちで国語が何番目に好きな教科であるかを児童に書かせた。これらの数値との間でピアソンの積率相関係数を求めた

答：1

[解説]
1　正しい。
2　誤り。いずれも順序尺度であるから，計算式では順位相関係数を用いる。
3　誤り。中間テストの順位ではなく，テスト得点（あるいはその標準得点）を用いる。
4　誤り。教科の好きな順位ではなく，「国語」の好きな程度を5段階などで尋ねてそれを用いる。

問題31　中学校「理科」と「数学」の期末テストの得点について，ピアソンの積率相関係数を求めた。4学級の結果のうちで，両教科の間にもっとも密接な相関関係（r）を示したのはどれか。
1　1年A組の「理科」と「数学」間の相関係数 $r = -0.35$
2　1年B組の「理科」と「数学」間の相関係数 $r = 0.00$
3　1年C組の「理科」と「数学」間の相関係数 $r = 0.67$

4　1年D組の「理科」と「数学」間の相関係数 $r = 1.12$

答：3

[解説]
1　誤り。ピアソンの積率相関係数は $-1 \sim 1$ の範囲である。4つの選択肢をみると，4は明らかに誤りである。そこで，残る選択肢1，2，3のいずれかであるが，この中では選択肢3の $r = 0.67$ が一番大きな数値であるから，これが正解となる。
2　誤り。この数値は無相関を意味している。
3　正しい。この数値は正の相関関係である。
4　誤り。数値1を超えているので，明らかに計算の間違いである。

問題32　知能の理論について誤りを選べ。
1　R.B.キャッテルは，知能を流動性知能と結晶性知能に分けた
2　ギルフォードは，言語理解，語の流ちょうさ，記憶，数，空間，知覚，帰納推理の7つの基本的精神能力を想定した
3　ガードナーは，言語的知能，音楽的知能，空間的知能，論理－数学的知能，身体－運動感覚的知能，人格的知能（対人関係知能と個人内知能）の6つを考えた
4　ゴールマンによるEQとは，情動的知能のことである

答：2

[解説]
1　正しい。流動性知能（fluid intelligence）は文化の影響を受けにくく，推理，数計算，図形処理などとかかわる。結晶性知能（crystallized intelligence）は文化や教育の影響を受け，言語理解や経験的評価などとかかわるので，教育の可能性が生涯を通じて

広がる。
2 誤り。この説明は，ギルフォード（Guilford, J.P.）ではなく，サーストン（Thurstone, 1938）である。ギルフォードは，知的操作，内容，所産の3次元からなる知能の立体モデルの提唱者として知られている。
3 正しい。ガードナー（Gardner, H.）の特色は，知能の概念を広げた点にある。
4 正しい。ゴールマン（Goleman, D.）によると，EQ（emotional intelligence）は自分自身の情動を知る，感情を制御する，自分を動機づける，他人の感情を認識する，人間関係をうまく処理するの5つであるとされている。

問題33 次は自己効力を効果的に育成する4つの方法であるが，このうちで誤った説明はどれか。
1 計画表を作らせる
2 君はやればできるんだということをことばで説得する
3 うまくいったモデル（お手本）を見せる
4 自分自身の有能さを判断できるような生理的な体験を自覚させる

答：1

[解説]
1 誤り。計画よりもむしろ，直接的に実行させて成功経験を与えることである。つまり，行動の達成である。
2 正しい。言語的説得である。
3 正しい。代理的経験である。
4 正しい。情動喚起である。バンデューラ（Bandura, A.）は，以上の4つを自己効力（self-efficacy）を高める源であるとした。

問題34 フレンチとレイヴンは，リーダーのパワー（影響力，勢力）を5つに分類した。次はそのうちの4つであるが，このうちで誤りはどれか。
1 専門性
2 準拠性
3 創造性
4 正当性

答：3

[解説]
1 正しい。フレンチとレイヴン（French & Raven, 1959）は，専門性（expert power），準拠性（referent power），正当性（legitimate power），強制性（coercive power），報酬性（reward power）の5つをあげている。専門性勢力は，専門的な知識や技能をもっているとメンバーから認知されることである。
2 正しい。準拠性勢力は，メンバーが，リーダーを尊敬したり強い魅力を感じたりすることである。
3 誤り。創造性は含まれていない。
4 正しい。正当性勢力は，リーダーがメンバーに対して，命令や指示を与える正当な権限をもっていると認知されることである。あと2つの説明を補足すると，報酬性勢力とは，リーダーがメンバーに対して，やりがいのある仕事，昇給，昇進などの報酬を与えることができると認知されることである。強制性勢力とは，メンバーがリーダーに逆らったときにリーダーがメンバーの役職を外したり，罰則を与えたりすることができるという，メンバーからの認知である。学級では，担任教師の勢力が学級の児童生徒からどのように認知されているかによって，学級運営・学級経営が進むので，このようなポイントを点検することも時には有効となる。

問題35　学校の集団について正しい説明を選べ。

1　学校は1次集団であり，学級はフォーマル集団である
2　学校はインフォーマル集団であり，学級はフォーマル集団である
3　学校は2次集団であり，学級はフォーマル集団である
4　学校はフォーマル集団であり，学級は1次集団である

答：3

[解説]
1　誤り。学校は2次集団である。1次集団（primary group）とは，家族や遊び仲間のように親密で，メンバー間の接触が直接的な集団である。規模は小さく，メンバー間の影響は大きい。2次集団（secondary group）は，メンバー間の間接的な接触が特色で，ある利害や目的のために意図的に形成された集団である。学校，会社，政党などがそうである。別の分類では，公的，慣習的な制度体系をもつ集団をフォーマル集団（formal group）という。学校や会社がそうである。メンバーの交友関係による集団をインフォーマル集団（informal group）という。例としては同好会などがある。したがって，学校も学級も2次集団であり，フォーマル集団である。
2　誤り。学校はフォーマル集団である。
3　正しい。
4　誤り。学級は2次集団である。なお，1次集団，2次集団はクーリー（Cooley, C.H.）による分類である。

問題36　次のうち，学級集団の凝集性を強める条件とは無関係なものはどれか。

1　学級集団のメンバーに優秀なリーダーがいる
2　メンバー間の関係が協力的である
3　メンバー間に類似性がある

4　集団内に魅力的な人がいる

答：1

[解説]
1　誤り。集団凝集性（group cohesiveness）とは，集団のもつ魅力と反発力である。学級の場合，学級集団の凝集性が高ければ，メンバーは学級で積極的に活動し，また学級の成果を高めようとすることになる。リーダーが優秀かどうかは，かならずしも凝集性を強める方向に影響しない。
2　正しい。
3　正しい。
4　正しい。このほか，活動がおもしろい，集団の目標が明確であるなども関係する。

問題37　次は大西誠一郎が小学校の学級集団構造の発達のようすをまとめたものである。誤りのある説明を選べ。
　1　1～2年生は個人的分離期であり，児童は孤立している
　2　3年生以降は一部集中期であり，ばくぜんとした集合になる
　3　4年生以降は集団的集合期であり，相互交渉，水平的結合ができる
　4　5～6年生は集団的統一期であり，強力な相互依存性役割分化がある

答：2

[解説]
1　正しい。学級が集団になっていくダイナミックスは，田中熊次郎，園原太郎，広田君美，阪本一郎，大西誠一郎などによって研究されている。それらによると，低学年では児童間の結びつきは弱く，教師中心の集団である。中学年では，インフォーマルな下位集団がで

き始め,それらは,お互いに独立している。高学年になると,下位集団どうしが相互に関連するようになり,学級全体が大きな集団としてのまとまりをもつようになるという。
2 誤り。一部集中期は,ばくぜんとした集合ではない。説明は正しいが,名称が誤りである。一部集中期は,田中熊次郎(1963)の説による3~4年生の「ある個人に人気が集中する時期」の名称である。大西誠一郎の説では,この時期は個人的集合期とよばれる。
3 正しい。
4 正しい。

問題38 小学校の学級内での仲間関係づくりに関して,よくみられる時間的な変化を正しく記述したものはどれか。

1 孤立探索期→水平的分化期→垂直的分化期→部分集団形成期→集団統合期
2 集団統合期→部分集団形成期→孤立探索期→水平的分化期→垂直的分化期
3 部分集団形成期→垂直的分化期→水平的分化期→集団統合期→孤立探索期
4 水平的分化期→孤立探索期→集団統合期→部分集団形成期→垂直的分化期

答:1

[解説]
1 正しい。1年生では,児童は学級環境に適応するために探索的に動くので,孤立探索期という。孤立探索期の後は,教室の座席が隣とか家が近いといった近接性の理由で交流が始まる。これは,支配-服従関係のない水平的分化期である。次に,腕力や学業成績などによる分化が始まり,これは優勢-服従的な垂直的分化期である。4年生ごろからは,友人選択の基準は,価値観の類似や集団メンバ

一の資質が重視されて，いくつかの部分集団がはっきりと形成される。6年生ごろに進むと，学級集団全体が，これらの部分集団から構成されることを意識するようになる（広田君美, 1958）。
2 誤り。
3 誤り。
4 誤り。

問題 39 リーダーシップ PM 理論について誤りを選べ。
1 P とはリーダーの目標達成機能である
2 M とはリーダーの集団維持機能である
3 PM 型リーダーがもっとも優れている
4 PM 型はリーダーの自己評価により測定される

答：4

［解説］
1 正しい。P は performance の頭文字であり，目標達成機能である。
2 正しい。M は maintenance の頭文字であり，集団維持機能である。
3 正しい。PM 型とは P 機能，M 機能ともに強いと認知されたリーダーである。PM, Pm, pM, pm の 4 つのリーダーシップ指導型を比較研究して導かれた結果による。
4 誤り。集団の成員（メンバー）がリーダーに対しておこなう認知である。

問題 40 フォーラムの進め方の説明は次のうちのどれか。
1 古代ローマの集会所でおこなわれた会議にならった形式。最初にだれかが講演し，次にこれに対する質疑をし，さらに討議をかわす
2 古代ギリシアにおける食後の酒宴の意味からきている。ある提案者が特定のテーマについて提案・意見を述べ，

> それについて他の参加者が批判・討議をおこなう方法
> 3　選ばれた何名かが参加者の前で自由に討議し，その間，必要に応じて一般参加者を討議に参加させる方法
> 4　特定のテーマについて肯定，否定の2組に分かれて，一定のルールのもとで主張，質問，反論，論議をし，審判が討論の勝敗を決める

答：1

[解説]
1　正しい。フォーラム（forum　講演討議）は古代ローマの集会所に起源する。そこでおこなわれた討議法のことである。
2　誤り。これはシンポジウム（symposium　提案討議）の説明である。
3　誤り。これはパネル・ディスカッション（panel discussion）の説明である。参加者の前で討議する人たちをパネリストという（パネラーではない）。
4　誤り。これはディベート（debate）の説明である。以上，上の3つは解決に協力する話し合い，あるいは集団思考であり，これは討議（discussion）である。この最後の4は，各自が結論をもっていて論証によって相手を論破するのが目的であり，これは討論（debate）である。学級経営でよく用いられる方法である。

問題41　ソシオメトリック・テストについて誤りのある記述はどれか。
1　ソシオメトリック・テストでとらえる構造をコミュニケーション構造という
2　モレノが開発した集団内の人間関係を測定しようとする方法である
3　テストの手続きでは，集団内のメンバーの中で一緒の

グループになりたい人となりたくない人を選ばせて対人関係を分析する
4 選択・排斥の相互関係を図示したものをソシオグラムという

答：1

[解説]
1 誤り。ソシオメトリック構造という。
2 正しい。ソシオメトリック・テスト（sociometric test）は，J.L.モレノ（Moreno, J. L.）により開発された。
3 正しい。これにより，集団内のメンバーの選択・排斥関係，集団の結合の様相を明らかにしようとする。ただし，最近では拒否の人を選ばせることは倫理的な問題があるため，避けるようになってきている。
4 正しい。

問題42 教育工学の技法の1つであるP-D-Sについて正しいものを選べ。
1 Pはpresentation，Dはdecisionである
2 Dはdo，Sはsafetyである
3 Sはsee，Pはplanである
4 Pはperformance，Dはdeviceである

答：3

[解説]
1 誤り。Pはプレゼンテーションではなく，プランである。Dはディシジョンではなく，ドゥーである。
2 誤り。Sはセイフティではなく，シーである。
3 正しい。P→D→Sは，plan, do, seeのことで，企画，実行，評価の意味である。教育実践の問題解決の行程として，P→D→

Part 2 教職の基礎：学習指導／学級経営

Sの各段階をチェックすることによって改善的な検討が促進される。1時間の授業をする時にも同じである。
4 誤り。Pはパフォーマンスではなく，プランである。Dはデバイスではなく，ドゥーである。

問題43 次は，教師のパワーの内容はどんな順序で重要視されるかを調べた狩野・田崎（1990）の研究で，その表中の数字は重要性の順番である。子どもの年齢によって，重要度が異なるのがわかるが，ここでABCのところに入る児童生徒の学齢期はどれか。

教師のパワー	学齢期		
	A	B	C
親近・受容	3位	5位	2位
外見性	5位	1位	6位
正当性	7位	2位	3位
明朗性	6位	4位	1位
罰	1位	7位	7位
熟練性	4位	3位	5位
準拠性	2位	6位	4位

1 A：小学生，B：中学生，C：高校生
2 A：中学生，B：小学生，C：高校生
3 A：高校生，B：小学生，C：中学生
4 A：中学生，B：高校生，C：小学生

答：3

[解説]
1 誤り。左から，高校生，小学生，中学生である（原論文を改編してある）。

2 誤り。
3 正しい。
4 誤り。小学生は，教師の外見，教師としての正当性を重視する。中学生は，自我の芽生えの時期であり，明朗性や親近感・受容性を重視する。高校生になると，教師や親からの独立が意識され，罰，準拠性などが重要視されるようになる。なお，パワー（power）とは，ある人が他のある人の行動を変化させることのできる力，影響力のことである。

問題44 集団のはたらきに関する用語であるコーシャス・シフトについて，正しい説明を選べ。

1 集団討議をすると，個人の判断よりももっと危険のある選択肢に結論が決まってしまうこと
2 集団討議をすると，個人の判断よりももっと安全な選択肢に結論が決まってしまうこと
3 集団討議をすると，他集団からの意見を受け付けなくなること
4 集団討議をすると，全員一致の結論を求めること

答：2

[解説]
1 誤り。これは，ストーナー（Stoner, 1961）による，リスキー・シフト（risky shift）の説明である。
2 正しい。リスキー・シフト現象のあと，コーシャス・シフト（cautious shift）の現象が実証されるようになって，これら2つは新しく集団分極化（group polarization；集団極性化とも訳される）の問題として検討されるようになった。個人の判断や決定が集団の経験に影響されることである。
3 誤り。これは集団思考（group think）の特徴の1つである。
4 誤り。これも集団思考の特徴の1つである。学級では，グループ

学習やホームルームなどで皆の意見を集約して一致した結論を出すことが多いが，教師は，集団討議（group discussion）にこのような集団分極化（または集団極性化）の性質があることを留意しておくことが望ましい。

問題 45　集団のはたらきに関する用語である社会的促進について，正しい説明を選べ。

1　人が課題をおこなうときに，そばに他者がいることによって作業者の課題の遂行が促進されること
2　集団から集団内の個人に対して，同質化への心理的な圧力がはたらくこと
3　集団で協同作業をする時には，単独の時より手抜きをすること
4　集団になるとリーダーなどの地位が発生すること

答：1

[解説]
1　正しい。これが，社会的促進（social facilitation）の定義である。
2　誤り。これは，斉一性への圧力（pressure toward uniformity）の説明である。集団の規範に同調するようにという心理的なプレッシャーである。最初は，アッシュ（Asch, 1951）による，線分の長さの判断を素材にした実験室実験から始まった。
3　誤り。これは，社会的手抜き（social loafing）の説明である。
4　誤り。これは，集団内のお互いの影響力についての説明である。

問題 46　学習心理学で著名なスキナーの貢献について，誤まった記述を選べ。

1　彼の理論は CAI に応用された

2 彼の理論は行動療法に応用された
3 彼の理論はネズミなどの動物実験に基づく科学的な証拠によっている
4 彼の理論は行動を導く認知構造の変化を説明した

答：4

[解説]
1 正しい。スキナー（Skinner, B.F.）は，アメリカの心理学者でハーバード大学教授を務めた。行動をリスポンデントとオペラントに分けて，オペラント行動についての条件づけ理論を確立したことで知られる。自らティーチング・マシーンを考案して，今日のコンピュータ利用（支援）教育（CAI）の基礎を固めた。
2 正しい。行動療法は，学習理論に基づいて行動の修正をおこなう療法である。スキナーのオペラント条件づけ理論は，行動療法の重要な理論の1つとして知られている。
3 正しい。ソーンダイクのソーンダイク箱にならって，スキナー箱を考案して，これを用いた動物実験による研究をおこなった。
4 誤り。むしろ，認知論の立場を排除した人として有名である。

問題47 社会的認知理論を提唱したバンデューラの貢献について誤った記述を選べ。
1 自己効力の理論を提唱した
2 モデルを見習うことによるモデリング・観察学習の理論を構築した
3 恐怖症などの治療について行動修正による治療効果を実証した
4 社会的認知の発達段階説を提唱して攻撃性の発達研究に貢献した

答：4

[解説]
1 正しい。
2 正しい。
3 正しい。
4 誤り。バンデューラ（Bandura, A.）は，アメリカの心理学者でスタンフォード大学教授。子どもの攻撃行動などの社会的行動がモデルの観察だけによって成立するという観察学習の存在を実証し，社会的学習理論（のちに社会的認知理論）をまとめた。とくに，自己効力理論は教育場面に応用されている。発達段階説はとらない。

問題 48 エドワード・リー・ソーンダイクの貢献について誤った記述を選べ。
1 アメリカ教育心理学，発達心理学の父といわれる
2 形式的陶冶の重要性を主張した
3 学習の原理として 3 大法則を提唱した
4 「ソーンダイクの単語帳」を編さんした

答：2

[解説]
1 正しい。ソーンダイク（Thorndike, E.L., 1874-1949）は，コロンビア大学ティーチャーズ・カレッジで教育心理学の領域で貢献し，日本にも大きな影響を与えた。
2 誤り。選択肢の立場とは逆である。むしろ，形式的な訓練の転移だけでは限界があるとして形式的陶冶（formal discipline）を厳しく批判した。この論点は，今日の教員養成につながるリベラル・アーツ教育と教育実践教育の二方向性の問題として続いている。
3 正しい。効果の法則，練習の法則，準備の法則である。
4 正しい。ソーンダイクの単語帳 Thorndike's Words Book は，1万語（のちに 2 万語 1936 年）の標準単語を使用頻度に応じて分類したもので，学校教育のスペリング・テストなどの改良に貢献した。

問題49 ブルーナー（Bruner, J.S.）の業績について誤った記述を選べ。
1 子どもの概念形成の方略について『思考の研究』を著した
2 ニュー・ルック心理学の中心人物である
3 映像的，動作的，象徴的の順に表象的な能力が発達するとした『認識能力の成長』を著した
4 1959年のウッズホール会議を踏まえた『教育の過程』（1960年）は日本の教育界にも大きな影響を与えた

答：3

[解説]
1 正しい。ブルーナーはハーバード大学教授，オックスフォード大学教授。これは，1956年の著作である。
2 正しい。人の視覚が人間の主観的な価値観や欲求などによって影響を受けることを実験によって実証した。貨幣の大きさの錯覚の実験は有名である。
3 誤り。動作的→映像的→象徴的の順である。
4 正しい。

問題50 ブルーム（Bloom, B.S.）の業績について誤りを選べ。
1 発見学習の理論的指導者である
2 『教育評価ハンドブック』（1971年）の共著者として知られる
3 教育目標を分類することを研究した
4 教育到達度評価国際協会の創立者の1人である

答：1

［解説］
1 誤り。発見学習はブルーナーによって提唱された。
2 正しい。ブルームらによるこの本は日本でも訳書が刊行された。これにより形成的評価の用語が広まった。
3 正しい。教育目標のタキソノミー（分類学）の研究の中心人物である。
4 正しい。今日，教育到達度評価国際協会（IEA）は，学力の国際比較研究の中心として世界的に有名である。

総合的問題
特定のテーマを多角的にチェック（5問題）

テーマ問題1　教育評価法のあゆみ

次の文章は、教育の評価方法について、その発展の経過を述べたものである。読んで以下の設問1〜10に答えよ。

　20世紀初頭にあらわれた教育心理学者のソーンダイクは、教育測定の父といわれる。彼は、教育心理学の体系化、①学習の試行錯誤説、知能の多因子論といった業績のほかに、教育測定にも大きな影響を残した。たとえば、弟子のストーンは、算数の推理検査に関する標準テストを作成し、従来の口頭試問と論文体テストによる方法を批判的に検討した。スターチとエリオットは、論文体テストの採点に主観が入りやすいことを実証した。これらをきっかけに、教師の採点の主観性を排除できるような工夫として、②真偽法、多肢選択法、組み合わせ法、完成法、③単純再生法などが開発された。
　1930年代に入ると、この教育測定運動は批判されるようになった。その理由は、測定対象が学力の一部に片寄っていること、客観的な測定を重視しすぎていて教育とのかかわりが薄いといった点であった。実際、④アメリカの進歩主義教育協会（PEA）は、1933年から1940年にわたって、これまでの伝統的な教育と新教育とを

比較する実験教育を試みた。2つのカリキュラムの教育成果を教育目的に照らして評価し、学力を、思考、態度、身体的健康などを含めたものとして広く考えた。この研究をきっかけにして、教育の計画と改善には教育評価が効果的であることが周知され、のちに教育評価の研究が進んだ。測定の方法としては、⑤観察法、面接法、質問紙法などが開発された。

シカゴ大学のブルームは、教育到達度評価国際協会（IEA）の設立者の一人として知られる。1950年ごろから教育目標分類学を提唱し、学力を認知的領域など⑥3つの領域に分類し、これをさらに細分化した。ここに至って、指導にも評価にも、教育目標を分析したり設定したりすることが大切であることが広く知れわたった。キャロル（1963）は、⑦完全習得学習の理論を発表し、ブルームはこれを具体的に展開した。グレイザーは、⑧集団準拠法と目標準拠法を区別し、特に目標準拠法を重視した。これらのテストは、それぞれ集団準拠テスト(NRT)、目標準拠テスト(CRT)とよばれる。

診断的評価、⑨形成的評価、総括的評価の用語は、スクリバンによって提唱され、ブルームの完全習得学習の研究によって、広く日本にも知られた。

1960年代に入り、教育工学が提唱されて、今日に至っている。その源は2つあり、1つはウィーナーのサイバネティックスの提唱である。もう1つは⑩学習心理学者スキナーの条件づけ学習である。これらによって、視聴覚機器・教育メディア利用を活用すること、教育を実証的・工学的に研究すること、教育をシステム的にとらえて効率化の要因を検討していくことといった方向性が出されたので、教育評価の広がりがみられるようになった。

問1 ①の試行錯誤説について、ソーンダイクは3つの法則がは

たらくとした。その3つとは何か。
問2 ②の長所と短所を1つずつ指摘せよ。
問3 ③を用いた設問例をかけ。
問4 ④の研究は何とよばれているか。
問5 ⑤について,質問紙法と比べた時の特徴を述べよ。
問6 ⑥3つの領域のうちのあと2つは何か。
問7 ⑦の理論を簡単に説明せよ。
問8 ⑧集団準拠法と目標準拠法は,日本では,それぞれ何とよばれているか。
問9 ⑨を説明せよ。
問10 ⑩を人間の教育に利用した学習を何というか。また,そのために,コンピュータを利用することを何というか。

━━━━━ 解答例 ━━━━━

問1 効果の法則,練習の法則,準備の法則
　学習が試行錯誤(trial and error)によって成立するという説は,いまなお,古典的な学習理論の1つである。学習者は最初は新しい課題(刺激)への解決の試み(反応)に失敗するのであるが,何度も繰り返し試行すると,だんだんと成功反応が続くようになり学習が成立する。学習を刺激と反応の適切な結びつきとして考えると,この過程には,効果の法則,練習の法則,準備の法則がはたらくとした。これを「学習の3大法則」とよんでいる。

問2 長所は,(1)短時間で広範囲に網羅的な知識チェックができることである。このほか,(2)他の方法と比べると幼児や老人にも適用できる,(3)採点が簡単であるなど。短所は,(1)まぐれあたりが多い,(2)断片的な知識を問う設問になりがちである,(3)正解が1つとなる設問しか出題できないなどである。
　真偽法は,まぐれ当たりの多い解答形式であるから,むしろ,

(1)短時間で網羅的に全体をチェックする場合,(2)受験者にあらかじめほぼ満点が期待されていて全範囲をマスターしているかどうかの点検に使う場合などに威力を発揮する。

問3　設問例：1192年に鎌倉幕府を開いたのは誰か。／解答例：源頼朝など。
　　単純再生法は,(1)人名,(2)年号,(3)化学記号,(4)ひらがなを漢字に直す,(5)漢字に読みがなをふるなど,答えを短い単語で答えさせる設問である。採点が客観的にできる。短答式とよばれることもある。

問4　8年研究
　　8年間続いた大規模なものであることから,この名称が付いている。教育測定から教育評価へと視点が広がる契機になったことで有名である。

問5　児童生徒の行動をありのままに観察する方法である。(1)観察する研究者・教育者が,相手に介入しない(働きかけをしない)自然観察法,(2)特定の場面を設定してその中で起こる行動を観察する実験的観察法がある。したがって,この点で,基本的には本人の自己報告を求める質問紙法とは異なる。質問紙法と比べての観察法の長所は,日常的な行動のようすがわかることである。短所としては,その行動の意味がわかりにくいことがあったり,こちらの関心のある行動がなかなか生起しないので観察のチャンスが少ないことなどがあげられる。

問6　情意的領域,精神・運動的領域
　　情意的領域は,指導要録の観点別評価のうち,「関心・意欲・態度」と深くかかわる。しかし,まだ,その測定には検討の余地があり,教育現場に混乱が残されている。精神・運動的領域の検討はあまり進んでいない。

問7　学習に8時間必要な時に学習者が8時間学習に使用できれば,それが完全に習得できるとする理論である。
　　ここでいう必要な時間は,適性や授業の理解力によって調べられる。使用する時間は,学習の持続力や機会によって定まる。これを具体的に展開したのが,先のブルームである。

問8　集団準拠の評価法は相対評価法,目標準拠の評価法は絶対評

価法(あるいは到達度評価法,達成評価法)。

指導要録の5段階評定の主要な評価法としては相対評価が使われてきたが,平成14年から始まった改訂によって絶対評価が奨励され相対評価の位置づけがかなり後退した。絶対評価は観点別評価の主要な記載方法として使われている。

問9 授業や教育の途中での評価である。未達成者を見つけたり,その指導(治療教育)を決定したりするのに役立てる。

問10 プログラム学習,CAI

プログラム学習では,最初は,プログラムド・ブックという小さな問題教材の系列全部の冊子を用いていたが,後にティーチング・マシーンを用いるようになった。近年は,パソコンなどを用いて学習者の反応とフィードバックを制御している。この教育をCAI(コンピュータ支援教育)と総称している。

関連問題:Part 2 - 1「教育評価」(54ページ),Part 2 - 3「形成的評価」(55ページ),Part 2 - 5「総括的評価」(56ページ),Part 2 - 7「口頭試験」(58ページ),Part 2 - 8「ハロー効果」(58ページ),Part 2 - 9「論文体テスト」(59ページ),Part 2 - 10「論文体テストの採点」(60ページ),Part 2 - 11「客観的テスト」(61ページ),Part 2 - 12「目標準拠測定」(62ページ),Part 2 - 23「評価のゆがみ」(70ページ),Part 2 - 29「教育工学」(75ページ),Part 2 - 46「スキナーの貢献」(88ページ),Part 2 - 48「E.L.ソーンダイクの貢献」(90ページ),Part 2 - 50「ブルームの貢献」(91ページ)

テーマ問題2　評価のゆがみ

次の文章は，評価のゆがみについて概説したものである。読んで問1〜問6に答えよ。

　教師－児童生徒の人間関係からみると，教師は評価する立場，児童生徒は評価される立場である。したがって，教師が客観的でない評価をすることは，ある子どもを「えこひいき」「イジメ」「差別」することと同じような行為として受け取られることがある。
　ところが，教師がいくら努力したとしても，現状の技術では評価に主観性が入るのはやむをえない。それゆえ，教師，児童生徒，保護者はそれぞれ，陥りやすい評価のゆがみについて知っておくことが大切である。それによって，小さなことを大きく誤解する不幸を防ぐことができるかもしれない。以下は，評価のゆがみについての典型的なパターンである。
　（　①　）は，紋切り型ともいわれる。たとえば，月曜日にバスケット・ボール部の部活をしているA君とB君だけが忘れ物をしたとしよう。そのエピソードが教師の記憶に残って，〈バスケット・ボール部の男子生徒は，忘れ物が多い子たちだ〉と思いこむ。すると，以後には，ほかの子も忘れているのに，「やっぱりA君やB君は，また忘れている」などと，先入観でA君，B君の忘れ物に注目してしまう。これがほかの先生や学級の児童生徒などに広まってしまうと，バスケット・ボール部の男子たちはこんな児童生徒というイメージが広く固定的に定着する。簡単にいうとある集団への先入観，それが①である。
　光背効果は，（　②　）ともいわれる。ある児童生徒が，何かよく目立つ良い特徴や悪い特徴を持っているとしよう。そうすると，

その児童生徒のもつ行動や性格，考え方などの見かけ上のあらゆる特徴に対して，推論を一般化してしまう。正しく見ることができずに，その児童生徒のあらゆる特徴間に正の相関をもつように評定してしまう。

（　③　）とは，少ない情報から足りない情報を補って推論する時の論理的な誤りのことである。たとえば，A君が忘れ物をしたとしよう。そのエピソードが教師の記憶に残って，A君は忘れ物が多い子だと思いこむと，さらには，A君は「成績も悪い」「言動が粗野だ」とか，経験を解釈して推論してしまう。

（　④　）は，教師がA君やB君といった児童生徒に対してもつ好悪感情が評価の甘さ，厳しさに影響するということである。これを，ギルフォード（Guilford, 1954）は評定誤差の問題として論じている。好きな子には評価が甘くなり，これは正の④である。嫌いな子には厳しくなり，これは負の④である。内申書や面接などでは，どうしても，④があらわれることは否めない。

ピグマリオン効果（Pygmalion effect）は，（　⑤　）という研究者がオーク小学校の実験で得た，教師の期待が児童生徒の知能成績に影響するとした予言の効果である。もともと，ピグマリオンとは，（　⑥　）に出てくるキプロス王の名前である。ピグマリオンは自分が作った女性像に恋してしまいその像を人間に変えたいと切望したところ，女神ヴィーナスによってその願いが実現したという話から名付けられた。ただし，経験的には納得できるものの，多くの追試研究では実証はほとんど得られていないといわれている。

いずれにせよ，教師が児童生徒一人ひとりとかかわっていくうえでは，お互いの信頼関係なくしては学校生活は順調には営めない。この種の評価のゆがみに陥らないように，いつも自戒し，子どもたちと接していくことが求められている。

Part 2　教職の基礎：学習指導／学級経営

問1　①に適切な語句を埋めよ。
問2　②に適切な語句を埋めよ。
問3　③に適切な語句を埋めよ。
問4　④に適切な語句を埋めよ。
問5　⑤に適切な語句を埋めよ。
問6　⑥に適切な語句を埋めよ。

解 答 例

問1　①ステレオタイプ
問2　②ハロー効果
問3　③論理的誤謬（論理的エラー）
問4　④寛大化エラー（寛容効果ともいう）
問5　⑤ローゼンソール
問6　⑥ギリシア神話
個々については関連問題も見ること。

関連問題：Part 2 - 8「ハロー効果」(58ページ), Part 2 - 10「論文体テストの採点」(60ページ), Part 2 - 23「評価のゆがみ」(70ページ), Part 3 - 14「ステレオタイプの定義」(119ページ), Part 3 - 15「ステレオタイプの事例」(120ページ)

テーマ問題3　学習意欲を引き出して育てる

　以下は，児童生徒のやる気について書かれた文章である。読んで，次の問1～問7の設問に答えよ。

　毎日，日本のどこかの学校では，〈やる気があればできる！〉と

いう声が聞こえる。教師が同じ指示をしても、行動に移す子どもがいる一方で、そうでない子どもがいる。学習に前向きな子がいる一方、他方でそうでない子がいる。「やる気」「意欲」「態度」という用語は、しばしば、この子どもたちの行動の差を説明することばとして使われる。

　学習心理学の用語では、いわゆる「やる気」は、動機づけの問題として研究されてきた。学ぶこと自体がおもしろく興味深いのは、（　①　）動機づけによる学習行動である。すぐれた教師は、①動機づけを高める教育方法、指導法を工夫し実践している。もちろん、児童生徒の行動をほめたり叱ったりすることも動機づけを高める。これを（　②　）動機づけといい、これによっても学習行動は促進される。すぐれた教師は、児童生徒の個性に応じた、また、時と場に応じた動機づけを適切に操作している。

　社会心理学の用語では、態度とは、認知、感情、行動の３つの成分からなるとみなされる。態度は行動と関係するから、態度を変えることによって、ある行動が起こったり、中止になったりする。心理学では、態度を変えるためにことばによってはたらきかけることを説得（persuasion）といい、説得のためのコミュニケーションを説得的コミュニケーションという。説得的コミュニケーションによって、考えや態度が変わることを（　③　）という。

　説得的コミュニケーションは、説得の発信源が重要なポイントである。たとえば、信憑性（credibility）の高い送り手ほど、相手を説得する効果が高いことがわかっている。信憑性は、専門性、信頼性の２つの要素からなる。説得の技法によっても、③は影響される。たとえば、④最初に承諾されやすいようなこと（A）を依頼して相手に承諾させておく、そして次にはもっと承諾されにくいこと（B）を依頼する。そうすると、いきなり（B）を依頼するよりも、相手を説得・承諾させやすいことがわかっている。要するに、

モノは言い方次第ということである。このほかにも，譲歩的要請法，承諾先取り法などが知られている。

③は，本人（P），相手（O），事物（X）の3項関係からみることもできる。ハイダーは，本人（P）による対人関係の認知が3項の要素間を不均衡から均衡へと向かわせるとする（　⑤　）理論を提唱した。態度が好意的な場合をプラス（＋），態度が非好意的な場合をマイナス（－）であらわすと，3項関係の心情関係の3つの符号の積が（　⑥　）になると均衡（バランス）状態になり安定する。そうでないと不均衡（アンバランス）の状態になり，これは不快な状態であるから，不快さを低減する方向へ態度が変わっていく。この理論に従えば，教師が児童生徒本人に対してだけはたらきかけるのは，きわめて一面的で未熟な教育技術にすぎないことになる。

A．バンデューラは，やる気や自信について，自己効力という用語を使って説明している。自己効力とは，ある結果を得るために自分が発揮できると考えたパワーのことである。ある課題を達成しようとする時の，自分に対する能力の見積もり，自信，信念である。自己効力が高い児童生徒は成し遂げようと行動するパワーが強く，失敗しても挫折しにくい。他方，自己効力の低い児童生徒は，課題に不安を持ち，すぐにあきらめる。したがって，児童生徒の自己効力を高めることが，やる気を引き出すポイントになる。バンデューラは，自己効力を育成するために，4つのポイントをあげている。それらは，行動の達成，⑦代理的経験，言語的説得，情動喚起である。もちろん，教師もまた，自分はやればできるんだという効力を高めることが課題になる。これを教師効力という。教師効力の高い教師は，そうでない教師よりも，教室における児童生徒へのはたらきかけが積極的であることがわかっている。

問1　①に適切な語句を埋めよ。

総合的問題

問2 ②に適切な語句を埋めよ。
問3 ③に適切な語句を埋めよ。
問4 ④は承諾を導く技法の1つである。この方法を何というか。
問5 ⑤に適切な語句を埋めよ。
問6 ⑥に適切な語句を埋めよ。
問7 ⑦について，具体的な例を考えてみよ。

解答例

問1 内発的
バーライン（Berlyne, D.E.）は，適切な程度の概念的葛藤（conceptual conflict）が，知的好奇心，内発的動機づけ（intrinsic motivation）を引きおこすとした。

問2 外発的
ほめる，叱るといった言語的な賞，罰は，外発的な動機づけの代表例である。お金や，欲しいモノを買うといったことも外発的動機づけとなる。なお，児童生徒によって，何が動機づけになるのかは異なるし，動機づけの強さも違ってくる。

問3 態度変容

問4 段階的要請法（あるいは，フット・イン・ザ・ドア・テクニック foot-in-the-door technique）

問5 バランス（あるいは均衡，あるいはP-O-X）

問6 プラス（＋）
たとえば，自分はA先生が好き（＋），A先生は英語が好き（＋），自分は英語が嫌いなら（－），心情関係は［＋］×［＋］×［－］＝［－］となり，3項関係は不均衡である。この状態は不快であるから，かけ算がプラスになるように，つまり，自分がA先生が嫌いになるか，A先生に英語が嫌いになってもらうか，自分も英語が好きになるかなど，いずれかの態度変容へと向かうことになる。

問7 自分と同じぐらいの力だと思っている中学校男子生徒が100メートル走を14秒3で走った。A君はそれを見て，今はでき

なかったが，自分も頑張れば本当は達成できるはずだと思って練習を始めた。これは，他者の行動や結果を観察することによって，自分も本当はやればできるはずだという信念をもつに至った例である。

関連問題：Part 2 – 4「動機づけ」(56 ページ)，Part 2 – 18「発見学習」(66 ページ)，Part 2 – 19「内発的動機づけ」(67 ページ)，Part 2 – 20「注意」(67 ページ)，Part 2 – 22「学習性無力感」(69 ページ)，Part 2 – 28「適性処遇交互作用」(74 ページ)，Part 2 – 33「自己効力」(78 ページ)，Part 2 – 47「バンデューラの貢献」(89 ページ)，Part 2 – 49「ブルーナーの貢献」(91 ページ)，Part 3 – 16「ブーメラン効果」(120 ページ)

テーマ問題 4　ピグマリオン効果

以下は学習指導に及ぼす教師の役割について書かれたものである。読んで，次の問 1 ～問 5 の設問に答えよ。

　アメリカ西海岸の下層階級の人々の住むある小学校で，5 月に「知能（知的能力）が急激に伸びる児童を予測するテスト」を実施した。そして，その結果から，9 月に各学級の約 2 割に当たる人数のそうした児童を選び出した。そして，その児童の名前を担任の教師に伝えた。翌年 1 月，同年 5 月（1 年後），翌々年 5 月（2 年後）に繰り返し同じテストを同じ児童たちに実施して，選ばれた「伸びる児童（late bloomers）」と，選ばれなかった児童に関する①IQ 得点の伸びを比較した。1 年後の結果では，選ばれた児童の 1 年生では

15点以上，2年生で10点以上もIQ得点が伸びた。他方で，3年以上の児童では，差は見られなかった。翌々年のテストでは，小学6年で得点が向上した。

この実験で使ったテストは，じつは普通の知能テスト（非言語領域）であった。「選ばれた児童」は，実験による設定にすぎず，本当は単に乱数表によってランダムに抽出された児童で，これらは調査研究のために意図的に偽ってなされたのであった。

この実験で得られた差は，なぜ見出されたのだろうか。ローゼンソールらは，教師が「伸びる児童」に対して期待をし，そのために教師の児童に対する接し方が変わって，それによって「伸びる児童」が本当に伸びたのだと解釈した。つまりは，教師が何かを期待することが，自己成就的予言（self-fulfilling prophecy）としてはたらいたと考えた。ローゼンソールらは，『（　②　）』という本を公刊し，この現象を③ピグマリオン効果と名づけた。

この研究は，その後，多くの追試や再検討がなされて，④実験手続き・結果についてのいろいろな問題点が指摘され，批判を受けた。けれども，データは別として，教育界の実感としては多くの納得・同意が得られたので，今日もピグマリオン効果の重要性が認められている。

ちなみに，ピグマリオンとは，ギリシア神話に登場する王である。彼は，自分のつくった乙女像に恋してしまい，愛の女神ヴィーナスに頼んで，この乙女像に命を吹き込んでもらって，この乙女と結婚したという。この神話にヒントを得て花売り娘が淑女に変身するストーリーとなったのが，ミュージカル「マイフェアレディ」である。

問1　①のIQとは何の略か，また日本語で何というか。
問2　②の本の書名は何か。
問3　③ピグマリオン効果は，別名で，何とよばれているか。

問4 ④それらのうちの1つを述べよ。
問5 教師－児童生徒の人間関係について，この実験から得られる教訓を自分で考えてみよ。

解 答 例

問1 intelligence quotient ; IQ, 知能指数

問2 『教室におけるピグマリオン（または，教室のピグマリオン）』
Rosenthal, R., & Jacobson, L. (1968) *Pygmalion in the classroom*, Holt.

問3 教師期待効果（teacher expectation effect）
ちなみに，ババッドら（Babad, E.Y. *et al.*, 1982）は，教師が児童生徒に肯定的な期待をかけて自己成就した場合をガラティア効果（Galatea effect），否定的な期待の効果をゴレム効果（Golem effect）としてピグマリオン効果には2種類あるとしている。

問4 (1) 児童の年齢が増すと，教師の期待よりも児童自身の期待（自己成就的予言と自信）が影響するのではないか，(2) 実施した知能検査が低学年の児童には不適である，(3) 追試しても実証できないなど。

問5 ピグマリオン効果が実証できるかどうかは別として，教師自身が児童生徒に多大な影響を与えているのだということを絶えず心に留めるべきである。

関連問題：Part 2 - 23「評価のゆがみ」(70ページ)，Part 2 - 26「ピグマリオン効果」(73ページ)，Part 3 - 14「ステレオタイプの定義」(119ページ)，Part 3 - 15「ステレオタイプの事例」(120ページ)

テーマ問題5　学級の子どもたちをみる

次は，学級の子どもたちに対して集団指導をするために基礎資料を得る方法である。読んで以下の問いに答えよ。

非公式集団の人間関係をみる方法としては，ソシオメトリック・テストが知られている。これは，集団内の人間関係改善のために，（　①　）が開発した方法の1つである。そのため，この方法は，学校でもしばしば，児童生徒のようすを知るための方法として使われてきた。とくに小学校の高学年以降では，教師の前での言動と，教師がいない時の言動とが大きく異なることが目立ってくるので，これによって子どもたちの意外な面があらわれることもある。

方法は簡単で，〈学級の席替えとか，理科などの班編成の参考にする〉と告げて，隣の席になりたい（なりたくない）者，一緒の班になりたい（なりたくない）者の名前を書かせる。その結果を②整理して，いくつかの観点に基づいて，③児童生徒の人間関係のネットワークを把握する。

児童生徒に強い必要性があるときは別として，ふだんには，このようなテストをすることは現実的には抵抗感がある。できれば，教師は，日常から，よく子どもたちのようすを観察し，対話して，学級のようすを把握することに努めるのが本来のありかたである。

問1　①の空欄に適切な人名を埋めよ。
問2　②で用いる，選択と被選択の行列表を何というか。
問3　②で人間関係のパターンを空間的に表示したものを何というか。
問4　田中熊次郎（1975）によると，③の学級集団ネットワーク

は，統一結合型，分断結合型，分断分離型，一部集中型，多数分離型の5つのタイプに分類できるという。小学校4，5年頃から目立ってくるのは，このうちのどれか。

問5 ソシオメトリック・テストの問題点をあげよ。

解答例

問1 モレノ（Moreno, J.L.）
問2 ソシオ・マトリックス表
問3 ソシオグラム
問4 分断分離型
　教師が班ごとに競争をあおったり，男女差が強調される雰囲気になると，相互に対立したり閉鎖的になる小集団が発生しやすい。
問5 (1) 質問のしかた，とくに排斥児童の名前を書かせることは，そのような子がいることをかえって意識させることになるという批判が強い。したがって，最近では，排斥児の記名は求めないのが普通になっている。
　(2) 教師と児童生徒の信頼関係がかなり重要になってくる。たとえ選択児の名前を書かせたとしても，その通りに席替えをする教師がよいかどうかが問題になる。

関連問題：Part 2 - 36「学級集団の凝集性」(80ページ)，Part 2 - 37「学級集団構造の発達（大西誠一郎）」(81ページ)，Part 2 - 38「小学校の仲間関係の発達（広田君美）」(82ページ)，Part 2 - 41「ソシオメトリック・テスト」(84ページ)，Part 3 - 48「モレノの貢献」(144ページ)

Part 3

教職の基礎：生徒指導／教育相談／進路指導

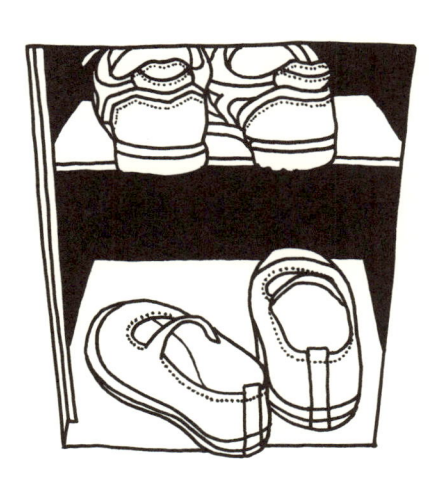

四肢選択問題
基礎知識を幅広くチェック（50問題）

> **問題1** 学校の嫌いな児童生徒についての説明で不適切なものを選べ。
> 1 怠学とは，児童生徒が教室内で消極的な授業態度でいることである
> 2 ジョンソンらは，学校に対して強い不安や恐怖を抱く症例を学校恐怖症とよんだ
> 3 長期欠席児童とは，単年度にケガなどの理由による欠席をのぞいて，通算30日以上欠席した児童生徒のことである
> 4 時代とともに呼称が「登校拒否」から「不登校」へと変化したのは，気持ちは学校を拒否していないのに行動的に行けない児童生徒が存在したからである

答：1

[解説]
1 誤り。怠学（truancy）は，勉強ぎらい，あるいは怠け癖が原因になっているような無断欠席のことである。
2 正しい。学校恐怖症（school phobia）は，ジョンソンら（Johnson et al., 1941）の命名による。1970年代に入ると登校拒否（school refusal），さらに1980年代に入ると不登校（school absenteeism）といった呼称が使われるようになっている。
3 正しい。長期欠席は平成2年度内までは通算50日以上の欠席であったが，平成3年度以降は通算30日以上の欠席としている。

4 正しい。

問題2 次のうちから非社会的行動としてあてはまるものを選べ。
1 校則無視
2 口をきかない
3 寄付行動
4 性的非行

答：2

[解説]
1 誤り。これは反社会的行動（anti-social behavior）である。非社会的行動ではない。
2 正しい。社会に対して消極的に接する行動を非社会的行動（asocial behavior）という。孤独，わがまま，強い恐れ，臆病，引っ込み思案，かんしゃく，情緒不安定，自閉傾向などがあげられる。
3 誤り。寄付行動は，向社会的行動（prosocial behavior）の1つである。向社会的行動には，このほか，分与行動，援助行動などがある。
4 誤り。これは反社会的行動である。

問題3 反社会的行動のみられる生徒の発見の手がかりに最もあてはまらない記述を選べ。
1 盗み
2 性的非行
3 家出
4 わがまま

答：4

Part 3　教職の基礎：生徒指導／教育相談／進路指導

［解説］
1　正しい。積極的に社会に対して害を及ぼす行動を反社会的行動という。うそ，盗み，家出，性的非行，無断欠席，暴力行動などは反社会的行動である。
2　正しい。
3　正しい。
4　誤り。わがままは，たいてい，非社会的行動に分類される。なお，生徒指導については，1975年に生徒指導主事が文部省令（現，文部科学省）で設置され，中学校に生徒指導主事をおいて，これを教諭が担当することになった。もちろん，生徒指導主事だけでなく，担任や教科担当の教諭全員が取り組むこととなっている。

問題4　学校教育相談の主な役割と異なるのはどれか。
1　教育行政機関との連携
2　問題を持った児童生徒の早期発見・診断
3　心理療法の活用
4　他の相談機関への紹介

答：1

［解説］
1　誤り。連携先は，まずは専門医療機関，療育機関である。行政機関ではない。
2　正しい。学校教育相談は，学校カウンセリングとかなり重複するが，この2つには，それぞれ歴史的な経過がある。学校教育相談では，どちらかというと，問題を持つ児童生徒の診断や治療に重点がおかれる。その主なものは4つほどあるが，その1つは，「親や教師への助言」である。あと3つは，この設問の選択肢にあげた2〜4である。
3　正しい。
4　正しい。

問題5　学校教育相談の特徴について，主な目的とは異なるものを選べ。
1　問題行動のある児童生徒を扱う
2　学校生活のあらゆる機会を利用しておこなう
3　定期的に相談する
4　児童生徒自身の考えを受容する態度をもってのぞむ

答：1

［解説］
1　誤り。学校のすべての児童生徒を個別的に指導するのであって，問題のある児童生徒に限定するのではない。
2　正しい。
3　正しい。
4　正しい。

問題6　学校教育相談とは無関係の用語を選べ。
1　チャンス相談
2　呼び出し相談
3　定期相談
4　来談者相談

答：4

［解説］
1　正しい。チャンス相談とは，意図的に用意をしておいて，児童生徒との偶発的な接触のチャンス（機会）を利用する場合の相談面接である。
2　正しい。呼び出し面接とは，友人関係や家族の問題などで悩んでいるような児童生徒を呼び出しておこなう計画的な相談面接である。
3　正しい。定期相談とは，児童生徒全員に対して定期的におこなう

場合の相談面接である。
4　誤り。これは造語である。正解としては，このほかには，自発来談による相談がある。

問題7　教育相談の過程について誤った説明はどれか。
1　教育相談の最初の面接のことを導入面接という
2　その次の段階を判定または診断という
3　その次の段階を処置（助言や紹介）という
4　相談室で面接相談を続けていくことを継続という

答：1

[解説]
1　誤り。受理面接という。
2　正しい。教育相談の対象となるかどうかの見きわめのことである。病気の診断ではない。
3　正しい。助言とは，その場での指示や，指示で解決できるような場合である。紹介とは，相談室で扱えないため，医療機関や福祉事務所に紹介することである。このほか選択肢4の「継続」もある。これらを処置（治療）という。
4　正しい。

問題8　教師のカウンセリング・マインドについて誤った説明はどれか。
1　カウンセリング・マインドという語は，心理学のカウンセリング理論からの専門用語である
2　教師のカウンセリング・マインドとは，カウンセリングの原理を生かしたような人間関係を大切にする教師の姿勢・態度のことである

3 教師は，児童生徒に共感的理解をもって接しなければいけない
4 教師は，児童生徒に対して無条件の肯定的な配慮をもって接しなければいけない

答：1

[解説]
1 誤り。日本で生まれた和製英語である。心理学のカウンセリング理論の用語にはなっていない。ただし，大切であることには変わりない。
2 正しい。
3 正しい。
4 正しい。設問の3と4は，カール・ロジャーズ（Rogers, C.R.）の来談者（クライエント）中心療法でまとめられたカウンセラーの必要十分な6条件の内容と密接にかかわっている。

問題9 カウンセリングの源流は3つあるとされるが，正しくないのは次のどれか。
1 職業指導運動
2 ボランティア運動
3 精神衛生運動
4 精神測定運動

答：2

[解説]
1 正しい。20世紀の初頭の職業指導運動は，現在もなお，職業選択や職業を通じてのアイデンティティ形成への取り組みとして1つの流れを作っている。
2 誤り。
3 正しい。パーソナリティ変容に関与する1つの流れを形成してい

る。
4 正しい。心理テストの開発や援用が1つの流れになっている。

問題10 心理学関係の資格について誤りはどれか。
 1 臨床心理士は，㈶日本臨床心理士資格認定協会の資格である
 2 産業カウンセラーは，㈳日本産業心理学会の資格である
 3 学校心理士は，日本教育心理学会など5つの学会が協力して認定している資格である
 4 認定キャリア・カウンセラーは，日本進路指導学会の資格である

答：2

［解説］
1 正しい。「大学，大学院教育で得られる高度な知識と技能を用いて，心理テストを実施したり，いろいろな心理療法を行ったり，地域住民の精神的健康を増進させる活動を行ったり，人々の心に関する研究調査を行うもの」と定義している。
2 誤り。㈳日本産業カウンセラー協会が産業カウンセラー試験に合格した人に与えている資格である。「学校心理士」認定運営機構による。
3 正しい。
4 正しい。

問題11 カウンセリングの用語について誤りを選べ。
 1 カウンセリングにおいて，話を聞いてもらう人をクライエントという

2　カウンセリングにおいて，相手の話を聞く役割の人をカウンセラーという
3　カウンセリングにおいて，相手に情報を与えたり勧奨することをオリエンテーションという
4　カウンセリングとは，相談面接のことである

答：3

[解説]
1　正しい。来談者あるいはクライエント（client）といい，ドイツ語のクランケ（患者）と同じである。一般には，商取引の「顧客」のことである。
2　正しい。相談者（counselor）という。
3　誤り。ガイダンス（guidance）という。教育相談，職業相談なども広義のカウンセリングである。
4　正しい。カウンセリング（counseling）には狭義と広義の定義があるが，いずれにせよ面談すること，相談・助言することが含まれている。

問題12　カウンセリング・マインドを育成するために開発されている研修プログラムについて，次のなかで異なるのはどれか。
1　ブラインド・ウォーク
2　Who are you？（あなたは誰？）質問によるインタビュー
3　性格検査の実施と自己診断
4　対人的効果訓練

答：3

[解説]
1　正しい。ブラインド・ウォーク（閉眼歩行）とは，2名がペアになり，そのうちの1名が目を閉じて，他の1名がその人を誘導する

演習である。
2 正しい。2名がペアになり，そのうち1名がWho are you ?（あなたは誰ですか？）と質問して，他の1名がそれに答える。質問はWho are you ?（あなたは誰ですか？）だけであるから，答える人は話すうちに自己開示せざるをえなくなってくる（20分ほどのセッションが通例である）。
3 誤り。
4 正しい。対人的効果訓練では，ロール・プレイング（role playing 役割演技）を用いることが多い。たとえば，サイフを落として困っている時に助けを依頼する場面設定などでおこなう。

問題13 ソーシャル・サポートの送り手には4つのはたらきがあるとされるが，それについて以下のうちから誤りを選べ。

1 問題の解決に役立つ情報を提供する
2 ほめたり，アドバイスをする
3 激励したり，共感したりする
4 仕事を休ませて代わりに働く

答：4

[解説]
1 正しい。これは，情報的なサポートのことである。ソーシャル・サポート（social support 社会的支援）とは，非専門家による日常的な支援のことである。当初は，コミュニティ心理学のキャプラン（Caplan, G.）によって概念化された。
2 正しい。これは，評価的サポートのことである。
3 正しい。これは，愛情的サポートのことである。
4 誤り。ソーシャル・サポートとは，ふつうは物品の提供や介護などを指す。ここでいう4つのはたらきのうちのあと1つとは，手段的サポートである。この選択肢1から3の3つのサポートと手段的サポートの合計4つのサポートの種類は，ハウス（House, 1981）の

分類に基づいている。個人がサポートの送り手であると同時に受け手である状況を，ソーシャル・サポート・ネットワークという。児童生徒にとっての教室・学校は，彼らのソーシャル・サポート・ネットワークの場であってほしいものである。

問題14 ステレオタイプの説明のうちで誤った記述を選べ。
1 リップマンが著書『世論』で定義した
2 偏見と同じである
3 差別とは異なる
4 原義は，印刷用の原型から作り出される鉛版のことである

答：2

[解説]
1 正しい。1922年に公刊された。リップマン（Lippmann, W.）は，ステレオタイプを，さまざまな社会的集団に関する私たちの頭のなかの画像（picture）とした。現在のステレオタイプの定義は，これとは少し異なる。
2 誤り。偏見（prejudice）は，社会的態度のうち，その集団に対する嫌悪や敵意などの感情的な成分である（感情的と認知的の複合であるとする説もある）。ステレオタイプでは肯定的な態度も含むが，偏見は否定的な態度のみである。
3 正しい。差別（discrimination）は，社会的態度のうち，その集団に対する拒否や攻撃などの行動的成分である。
4 正しい。現時点の定義は，ある社会的集団やそれに属するメンバーの属性に関する人々の信念あるいは認知的な態度である。

問題 15　ステレオタイプの例として不適切なものはどれか。

1　美しい人たちは性格がよい人だ
2　子どもっぽい顔の人たちはたくましくない
3　背の高い男性たちはリーダーシップがある
4　学校は勉強するところである

答：4

[解説]
1　正しい。美人ステレオタイプという。外見ステレオタイプの1つである。
2　正しい。ベビーフェイス効果という。外見ステレオタイプの1つである。
3　正しい。身長ステレオタイプという。外見ステレオタイプの1つである。
4　誤り。これはある集団の人々についての言説ではないので、ステレオタイプではない。

問題 16　コミュニケーションのブーメラン効果について誤りを選べ。

1　聞き手が説得者のあいまいな態度に不信感をもつときに起こる
2　聞き手が説得者の意図に不信感をもつときに起こる
3　聞き手が説得者の内容に不信感をもつときに起こる
4　聞き手が説得者の強制的態度に反発するときに起こる

答：1

[解説]
1　誤り。ブーメラン効果（boomerang effect）とは、説得的コミュ

ニケーションにおいて，相手の態度が説得した方向とは逆の態度に変わってしまうこと（いわゆる「やぶ蛇」）である。強引な説得，納得できない説得に対して発生し，設問のような「あいまいな態度」の時ではない。
2　正しい。行動の自由を強制される時に，自由を回復しようとして，反発がおこるためである。
3　正しい。上と同じ理由である。
4　正しい。ブーメラン効果は，心理的反発理論（psychological reactance theory）によって説明されている。教師が児童生徒を助言指導する時には，単なる熱意だけでなく，対人関係のスキルを洗練させて指導にあたるべきである。特に青年期には単なる規制だけでは納得しない生徒が出てくる。同じことを言うにも，「モノは言いよう」である。

問題17　構成的グループ・エンカウンターについて無関係の用語を選べ。
1　エクササイズ
2　シェアリング
3　振り返り
4　ライフプラン

答：4

[解説]
1　正しい。グループ体験の課題のことをエクササイズ（exercise）という。
2　正しい。エクササイズの体験を通して感じたり学んだりしたことを，最後に共有する時間をとって語り合うことをシェアリング（sharing）という。
3　正しい。エクササイズの後で各自で総括することを振り返りという。
4　誤り。ライフプランは人生の計画であり，かならずしも構成的グループ・エンカウンター（structured group encounter）とは直結しない。

問題 18　心理検査の実施上の留意点について不適切な記述を選べ。

1. 生徒には実施目的や理由を説明して同意を得る
2. 検査の実施手順は，できるだけ定められた方法にしたがう
3. 結果は断定的に扱わないことである
4. 結果を返す時には生徒が傷つくような形では返さない

答：2

[解説]
1. 正しい。
2. 誤り。「できるだけ」ではなく，必ずマニュアルにしたがうこと。そうでないと，結果の解釈に歪みが生じる。
3. 正しい。全体像の一面であるから，決めつけることのないよう，慎重にすべきである。
4. 正しい。教師が心理検査を実施・採点・解釈することは少ないであろうが，コンピュータ診断の結果が返却されたとしても，このように十分な教育的な配慮をする必要がある。

問題 19　心理検査の種類について誤った説明のものを選べ。

1. ロールシャッハテストは，投影法（投映法）の1つである
2. MMPIは，質問紙法の1つである
3. 内田－クレペリン精神作業検査は，作業検査の1つである
4. SD（セマンティック・ディファレンシャル）法は，自由連想法の1つである

答：4

[解説]
1 正しい。ロールシャッハテスト（Rorschach test）では，絵を見て「何に見えるか」を自由に答えてもらう。このほかの投影法には，TAT（主題統覚検査 Thematic Apperception Test），CAT（児童統覚検査 Children's Apperception Test）などがある。
2 正しい。MMPI（ミネソタ多面的人格目録 Minnesota Multiphasic Personality Inventory）は，質問紙法によるもっとも本格的な性格検査の1つである。このほか，質問紙法によるものとしては，MPI（モーズレイ性格検査），MAS（顕在性不安尺度）などがある。
3 正しい。日本では，適性検査として好んで使われている。
4 誤り。SD法（意味微分法 semantic differential method）は心理検査ではない。もちろん，自由連想法でもない。SD法は概念の内包的，情意的な意味を定量的にあらわそうとする方法。

問題20 内田ークレペリン精神作業検査について誤った説明のものを選べ。

1 1ケタの数字を2つ単位で加算することを，早く連続しておこなう
2 前半20分→休憩10分→後半20分の加算作業である
3 定型曲線とは，健康者常態定型曲線のことである
4 教員採用試験などの適性検査や，精神科患者の社会復帰の見込みを診断する時などに用いられる

答：2

[解説]
1 正しい。この検査は，ドイツの精神科医クレペリン（Kraepelin, E., 1856-1926）がおこなった精神作業研究を，日本の内田勇三郎が具体的な検査として発展させたものである。作業検査法（performance test）の1つである。
2 誤り。前半15分，休憩5分，後半15分の作業である。1分単位

で15回の加算作業を2回の合計30分ということになる。
3　正しい。判定には，定型，準定型，準々定型，疑問型，異常型がある。
4　正しい。

問題21　Y－G性格検査について正しい説明を選べ。
1　性格の類型論の立場で作られている
2　主要5因子（ビッグ・ファイブ）から成っている
3　Yは矢田部達郎，Gはギルフォードの略である
4　作業検査法の1つである

答：3

[解説]
1　誤り。類型論（personality typology）ではない。特性論（personality trait theory）の立場で作られているといわれる。ただし，安定積極型，平均型，情緒不安積極型，安定消極型，情緒不安消極型の5類型を典型とするような，類型による評価も可能とされている。
2　誤り。Y－G性格検査は12因子からなる。
3　正しい。ギルフォードの原案について矢田部達郎ほかが日本版を作成した。
4　誤り。質問紙法による検査である。作業検査法ではない。

問題22　性格検査の説明について誤りを選べ。
1　P－Fスタディでは，主題のあいまいな絵を見せて説明させる
2　ロールシャッハテストでは，インクの染み状の絵が何に見えるかを答えさせる
3　バウム・テストでは，1本の実のなる樹木を紙に自由

に描かせる
　4　カラー・ピラミッド検査では，24色の色彩チップのうちの15枚を好きなように5段にピラミッド状に並べさせる

答：1

[解説]
1　誤り。P-Fスタディ（Picture Frustration study）は，ローゼンツァイクが考案したもので，欲求不満の場面が描いてあり，マンガの吹き出しの会話の部分を何と答えるかを書かせる。設問の説明は，マレー（Murray, 1936）の考案による主題統覚検査（Thematic Apperception Test; TAT）の説明の一部であるので，これと対応していない。
2　正しい。ロールシャッハ（Rorschach, H.）は考案者の名前である。10枚のインクの染み（ink blot）状の図版が何に見えるかを答えさせる。投影（映）法（projective method）の1つである。
3　正しい。バウム・テスト（Baumtest, Tree-drawing test）は，コッホ（Koch, K.）の開発した描画テスト（drawing method）の1つである。A4サイズの用紙に実のなる樹木を描かせて解釈する。描画法には，このほか，バック（Buck, J.H.）によるHTPテスト（House Tree Person test）などがある。
4　正しい。Color Pyramid test（CPT）という。カラー・ピラミッド検査は，1950年に，フィスター（Pfister, M.）が考案した投影（映）法による性格検査である。日本版は，1983年に標準化されている。

問題23　適応機制について誤りのある記述を選べ。
　1　「補償」：望ましい特性を強調することによって弱点をカバーする
　2　「合理化」：失敗や望ましくない行動を正当化すること

で失敗感を回避しようとすること
3 「抑圧」：社会的に受け入れがたいような欲求や苦痛体験を意識的に忘れようとすること
4 「昇華」：欲求と反対の傾向を示すことで危険な願望が起こるのを阻止すること

答：4

[解説]
1 正しい。イライラから自分を守るための自己防衛的な行動は，適応機制の代表的なものである。補償（compensation）はその中の1つである。たとえば，学業成績がよくないという劣等感をスポーツでがんばるなど。
2 正しい。イソップ物語で高い所にあるブドウを採れなかったキツネが，「ブドウはすっぱい」（sour-grape mechanism）などと自分に言い聞かせた話などは，合理化（rationalization）の例である。いわゆる責任転嫁，過度のいいわけである。
3 正しい。抑圧（repression）は，もっとも効果的な防衛機制の1つとされる。いわゆる，「臭いものに蓋」の類である。
4 誤り。この説明は，反動形成（reaction formation）であり，一例をあげると，好きな相手に冷たく振る舞うなどである。「昇華」（sublimation）とは，その欲求を，社会的に承認されるようなものに代えて表現をする場合である。たとえば，ある女性に対する憎しみを芸術的な音楽作品の作曲として結実させるなどである。

問題24 「A子ちゃんのことを好きなのに，意地悪ないたずらをする男子」の行動について，これを防衛機制として解釈すると次のどれに一番近いか。
1 投射
2 抑圧

    3　攻撃
    4　反動形成

答：4

[解説]
1　誤り。投射（投影ともいう）は，自分の欠点に対する感情や欲求を，他者が自分にそう思っているのだと思いこむことであり，ここでは不適切である。
2　誤り。抑圧は，罪の意識や不安などが沸き起こらないように，その感情や経験を無意識のうちに押さえてしまうこと。ここでは不適切。
3　誤り。攻撃は，防衛規制ではないので，ここでは不適切である。
4　正しい。反動形成とは，意識すると自我が傷つくのを恐れて，むしろ正反対の行動をすることである。

問題25　マズローの欲求階層理論における階層の順序の正しいものを選べ。
1　生理的欲求→安全の欲求→所属と愛情の欲求→承認と自尊の欲求→自己実現の欲求
2　安全の欲求→生理的欲求→承認と自尊の欲求→所属と愛情の欲求→自己実現の欲求
3　所属と愛情の欲求→生理的欲求→安全の欲求→承認と自尊の欲求→自己実現の欲求
4　承認と自尊の欲求→自己実現の欲求→生理的欲求→所属と愛情の欲求→安全の欲求

答：1

[解説]
1　正しい。下位の欲求が満足されるにしたがって上位の欲求が表れ

て行動に影響を与えるとする。また，発達につれて，上位の欲求の重要度が相対的に増すと考える。ただし，このモデルを支持する実証的な研究報告は少なく疑問も出されているが，その影響力は変わらず高い。
2 誤り。
3 誤り。
4 誤り。

問題26 マズローの欲求階層モデルを修正した，アルダファのERGモデルの階層の順序について，正しいものを選べ。
1 存在欲求→成長欲求→関係欲求
2 成長欲求→存在欲求→関係欲求
3 関係欲求→成長欲求→存在欲求
4 階層性は想定されていない

答：4

[解説]
1 誤り。
2 誤り。
3 誤り。
4 正しい。存在（existence）欲求は，人間にとって基本的な欲求である。関係（relatedness）欲求は，人間関係とかかわる欲求である。成長（growth）欲求は，人間らしく生きていきたいという欲求である。3つの頭文字をとってERGモデルという。アルダファ（Alderfer, C.P.）の理論では，3つの欲求は同時に存在することもある。

問題27 S.フロイトの理論について誤りを選べ。
1 快楽原則に従う部分を超自我という
2 現実原則に従う部分を自我という
3 快楽原則に対立する概念が現実原則である
4 リビドーは快楽原則とかかわりがある

答：1

[解説]
1 誤り。S.フロイトは精神分析学の創設者として知られる。快楽原則（pleasure principle）に従うのはイド（id），あるいはエス（Es）という。良心や道徳的な規範などが内面化したのが超自我（super ego）である。
2 正しい。
3 正しい。
4 正しい。リビドー（libido）とは，本能的な欲望である性のエネルギーのことである。性格の特徴は，イド（エス），自我，超自我の3層の力関係によって形成されるとしている。

問題28 葛藤（コンフリクト）について誤りを選べ。
1 葛藤とは，2つ以上の欲求が同時にあって選択に迷うことによる情緒的な緊張状態である
2 勉強も嫌いだが落第点も困る事態は，回避−回避型葛藤である
3 A高校もB高校も合格したがどちらに入学するか迷う事態は，誘惑−誘惑型葛藤である
4 好きな人に告白したいが断られるのが恐いという事態は，接近−回避型葛藤である

答：3

[解説]
1 正しい。
2 正しい。
3 誤り。同じような意味であるが，正しくは，接近‐接近型葛藤とよんでいる。レヴィン（Lewin, 1935）によると，葛藤（conflict）は，接近‐接近型葛藤（approach-approach conflict），回避‐回避型葛藤（avoidance-avoidance conflict），接近‐回避型葛藤（approach-avoidance conflict）に分類される。より容易に接近できる目標を選ぶことによって，緊張（tension）が低減して，葛藤（コンフリクト）が解消へとむかう。
4 正しい。

問題29 ストレスについて誤っている説明を選べ。
1 ストレスを避けたり処理する行動をストレッサーという
2 セリエ（Selye, H.）によると，ストレスとは過剰刺激による副腎皮質系の適応反応である
3 セリエは，ストレスを生じさせる刺激は，間脳→脳下垂体→副腎皮質→全身という経路をたどるとした
4 ストレスは普通以上の緊張によってもたらされる心身のゆがみや崩れである

答：1

[解説]
1 誤り。この説明はストレッサー（stressor）ではなく，ストレス・コーピング（stress coping）の説明である。ストレッサーは，ストレスを引き起こす原因のことである。精神的緊張，心労，苦痛，中毒などがストレッサーになりうる。
2 正しい。セリエ（Selye, 1935）は，ストレスを，日常の過剰な刺激による心身のひずみや緊張としてとらえた。
3 正しい。

4 正しい。ストレスという語を最初に用いたのは，アメリカの生理学者のキャノン（Cannon, W.B.）である。その後，セリエ（Selye, 1956）は，生体にストレッサーが加えられると，汎適応症候群（general adaptation syndrome; GAS）という全身的な生理的症状が起こるとした。これは，警告反応期→抵抗期→疲はい期をたどるとした。

問題30　欲求不満について誤っている説明を選べ。
1　攻撃的行動は，欲求が阻止された時にその障害物に対して起こる行動である
2　ローゼンツァイクは，攻撃を外罰，内罰，無罰の3つに分類した
3　攻撃的行動によって本来の欲求は解消される
4　欲求不満に耐える心の強さを欲求不満耐性という

答：3

[解説]
1　正しい。
2　正しい。ローゼンツァイク（Rosenzweig, S.）は，欲求が阻止された時の攻撃的行動の対象を，他者の責任と考える「外罰」，自分自身にむける「内罰」，自分も他者も攻撃しない「無罰」の3つに分けた。
3　誤り。欲求は解消されず，緊張が残る。
4　正しい。フラストレーション耐性（frustration tolerance）ともいう。この耐性を超えたフラストレーションが，不適応な異常行動を引き起こすという。

問題 31　来談者中心的カウンセリングの基本仮説のうちで誤った記述を選べ。

1　来談者は相談者との面接の後では成長する
2　個人は成長，適応，健康への衝動をもっている
3　認知的な面よりも情緒的な面を強調する
4　幼児期の外傷経験や過去の生育歴よりも現在の直接の場面を強調する

答：1

[解説]
1　誤り。来談者（クライエント）中心カウンセリングは，カール・ロジャーズ（Rogers, C.R., 1942）が提唱した療法である。この療法では，治療的な関係そのものが成長経験であるとする点が他の技法と大きく異なる。
2　正しい。
3　正しい。
4　正しい。

問題 32　カール・ロジャーズは「十分に機能する人間」を治療の目標としているが，次のうちで不適切な説明を選べ。

1　自分の経験に対して開かれているであろう
2　自分自身を評価の主体として経験するであろう
3　他人とともに最大の調和を保って生活することができるであろう
4　自己構造は他者構造と共感するであろう

答：4

[解説]
1 正しい。カール・ロジャーズは，人間が最高に実現された状態を「十分に機能する人間」と表現し，それが治療目標であるとしている。
2 正しい。
3 正しい。
4 誤り。「自己構造は経験と一致するであろう」が正しい。この設問では，「他者構造と共感すること」という記述が誤りであるとわかればよい。

問題33 カール・ロジャーズによる「不適応」の考えのうち，不適切な記述を選べ。

1 「不適応」の治療法では，まず抑圧や禁止から解放して不安を解除することをめざす
2 「不適応」の状態とは，自己に対して自信過剰の状態である
3 「不適応」の治療法では，自己認知を変化させる
4 「不適応」の治療法では，クライエント自身に自主的に態度変容させることを試みる

答：2

[解説]
1 正しい。
2 誤り。カール・ロジャーズは，自己に対して脅威を感じている状態が不適応であるとした。
3 正しい。
4 正しい。上で説明したようなロジャーズの採ったこのような方法を，非指示的療法（nondirective therapy）という。行動を修正させるのではなく，自己意識を変容させる。なお，1940年代は非指示的療法，1950年代は来談者（クライエント）中心療法と治療過程が変化している。1957年以降はジェンドリンらを中心に体験過程療法へと

発展した。

問題 34　ジョハリの窓とは何か，誤った説明を選べ。
1　グループ体験で参加者の成長を説明するのに使われる性格構造論である
2　ジョハリとは，発案者にちなんでいる
3　窓は3つある
4　ジョハリの窓で好ましいとされるのは，自他にオープンな性格の人である

答：3

[解説]
1　正しい。英語ではJohari's windowという。
2　正しい。発案は，ジョゼフ・ルフト（Joe〔Joseph〕Luft）とハリー・インガム（Harry Ingham）による。
3　誤り。自他にオープンな領域（open），他者は知っているが自分は知らないという自己盲点の領域（blind），自分は知っているが他者には知られていない秘密の領域（hidden），自分にも他者にもわからない未知の領域（unknown）の4つである。自分が知っているか否か，他者が知っているか否かの2次元の組み合わせから4領域を想定している。
4　正しい。

問題 35　グループカウンセリングの説明について誤りを選べ。
1　心理劇は，劇をすることによる心理療法である
2　エンカウンター・グループは，治療的カウンセリングというよりも開発的カウンセリングである
3　Tグループは，人間関係や対人的感受性についての訓

練的なニュアンスの強い集団療法である
4 行動療法は，作業させることによって社会生活に適応させる方法である

答：4

[解説]
1 正しい。心理劇（psychodrama）は，モレノ（Moreno, J.L.）が考案した。ロール・プレイング（role playing 役割演技法）によってカタルシスが起こり，情緒的な障害が緩和され適応状態がよくなることをはかる。
2 正しい。エンカウンター・グループ（encounter group）は，カール・ロジャーズが考案した来談者（クライエント）中心のグループカウンセリング（group counseling）である。人格の向上や発展をはかることが目的とされる開発的なカウンセリングである。
3 正しい。レヴィン（Lewin, K.）の小集団研究から始まったとされる。
4 誤り。これは，作業療法（occupational therapy）の説明である。行動療法（behavior therapy）は，条件づけ（conditioning），モデリング（psychological modeling）など学習理論に基づく行動修正（behavior modification）の療法のことである。

問題36 交流分析において無関係のものを選べ。
1 脚本分析
2 ゲーム分析
3 回帰分析
4 構造分析

答：3

[解説]
1 正しい。バーン（Berne, E. 1910-1970）は精神分析を発展させて

新たに交流分析(transactional analysis;TA)を創始した。さらに,弟子のデュセイ(Dusay, J.M.)はエゴグラムを創案した。交流分析は人間関係改善法として良く知られている。交流分析の4つの基本的な分析の1つが脚本分析である。脚本とは人が脅迫的に演出する人生プログラム,無意識の人生計画である。
2 正しい。その2つめがゲーム分析である。ゲーム分析は,悪循環に陥った対人関係のパターンを分析する方法である。
3 誤り。回帰分析は統計的な解析法の1つである。
4 正しい。パーソナリティの構造分析も,交流分析の主要な分析のうちの1つである。構造分析は自我状態の現象的な分析把握である。4つの基本的な分析のうちの残り1つは,交流パターン分析である。

問題37 起立性調節障害について誤った説明を選べ。
1 幼児期に多発する症状である
2 自律神経失調症の1つである
3 症状は,めまい,立ちくらみ,脳貧血などを主訴とする
4 季節,性別による傾向がみられる

答:1

[解説]
1 誤り。起立性調節障害(orthostatic dysregulation)は,年齢的にみると,小学校高学年から中学生に多発するとされている。
2 正しい。
3 正しい。循環器系の症状である。寝起きや午前中には,とくにコンディションが悪い。
4 正しい。学校保健の統計上では,春から夏に多く,男子よりも女子に多い。

問題38 自傷行為について誤った説明を選べ。
1 境界性人格障害でみられることがある
2 手首自傷症候群（リスト・カッティング）はこの1つである
3 自殺未遂の1つである
4 思春期やせ症にみられることがある

答：3

[解説]
1 正しい。自傷行為（self-injured behavior）とは，自分で自分の体の一部に傷を付けることである。疾患名ではなく，行為をあらわす用語である。時として，自閉症，精神分裂病などにみられるという。原因についての解釈はいろいろである。
2 正しい。思春期から成人初期の女性にたびたびみられる。
3 誤り。結果として自殺に至ることがないわけではないが，自傷行為という場合には，自分で自分を傷つけることそのもので完結していることが通例である。いずれにせよ，学校では，すばやい発見と対応とが必要になる。
4 正しい。

問題39 「誇大性，賞賛されたいという欲求，および共感の欠如の様式」とは，次の人格障害のうちのどの説明に近いか。
1 演技性人格障害
2 自己愛性人格障害
3 強迫性人格障害
4 依存性人格障害

答：2

[解説]
1 誤り。
2 正しい。DSM－Ⅳでは，10の人格障害（personality disorder）と特定不能の人格障害があげられている。そのうちの1つである。心理的な柔軟性に欠けていて，周囲とぶつかることが多い。
3 誤り。
4 誤り。

問題 40 平成10年12月告示の中学校学習指導要領の中の進路指導に関する総則の規定について，趣旨の誤っている記述を選べ。
1 生徒が自らの生き方を考えるように進路指導をおこなう
2 生徒が主体的に進路を選択できるように指導する
3 ホームルームの時間内で進路指導をおこなう
4 計画的，組織的に進路指導をおこなう

答：3

[解説]
1 正しい。
2 正しい。
3 誤り。学校の教育活動全体を通じておこなうのであって，ホームルームに特定していない。
4 正しい。

問題 41 職業の選択・指導の基礎とされる特性・因子理論の説明について不適切な記述を選べ。
1 この理論による職業指導の始まりは20世紀初頭からである

2 特性・因子理論とは，ようするに適材適所の考え方である

3 ホランドの職業選択理論は，特性・因子理論の考え方に沿っている

4 特性・因子理論ではキャリア発達を重視する

答：4

[解説]
1 正しい。職業指導（vocational guidance）は20世紀初頭から始まった。そのころのパーソンズ（Parsons, F.）の考えによると，個人の能力や興味はそれぞれ異なるからそれを把握して職業を理解し（職業理解），合致する職業に適材適所にマッチングさせるという考え方であった。この過程を援助する人がカウンセラーであった。今日も，この考え方は，職業指導の1つの流れとして続いている。
2 正しい。
3 正しい。ホランド（Holland, J.L.）は，人の性格と職業環境を，それぞれ6つにタイプ分けし，人は職業選択にあたって，この両者の一致をはかるのだとしている。そのために開発したVPI（職業興味検査 vocational preference inventory）はよく知られている。
4 誤り。特性・因子理論（trait-factor theory）では，就職後のキャリア開発については重視していない。

問題42 次はスーパーによる進路発達理論である。職業生活の諸段階の順序の正しいものを選べ。

1 下降段階→成長段階→維持段階→探索段階→確立段階
2 維持段階→下降段階→探索段階→確立段階→成長段階
3 成長段階→探索段階→確立段階→維持段階→下降段階
4 探索段階→確立段階→成長段階→下降段階→維持段階

答：3

[解説]
1 誤り。
2 誤り。
3 正しい。スーパー（Super, D.E.）によると，成長段階は誕生〜14歳，探索段階は15歳〜24歳，確立段階は25歳〜44歳，維持段階は45歳〜64歳，下降段階は65歳〜としている。
4 誤り。

問題43 キャリア・カウンセラーの役目について誤った記述を選べ。
1 生徒，学生，成人のキャリアの方向づけを助力する
2 進路の選択・決定に助力する
3 人間の成長・発達を促進することを専門領域とする
4 職業選択よりも生き方のサポートを重視する

答：4

[解説]
1 正しい。
2 正しい。
3 正しい。
4 誤り。そのような定義はなされていない。生き方や発達は主要な問題となるが，むしろ職業とかかわりをもつようなカウンセリングをキャリア・カウンセリング（career counseling）という。日本進路指導学会によるキャリア・カウンセラー制度の規則は，「キャリア・カウンセラーとは，生徒，学生，成人のキャリアの方向づけや進路の選択・決定に助力し，キャリア発達を促進することを専門領域とするカウンセラーである」としている。

問題44 「ライフ・キャリアの虹」についての説明で誤った記述を選べ。
1 エリクソンの提案したものである
2 人の生活段階として，成長段階から下降段階までの6つを想定している
3 人の役割の配列として，子どもから家庭経営者までの6つを想定している
4 「ライフ・キャリアの虹」を参照すると，生涯にわたる個人の現時点での位置の確認に役立つ

答：1

[解説]
1 誤り。「ライフ・キャリアの虹 Life-career rainbow」は，スーパー (Super, D.E. 1910-1994) が提案したものである。虹は，ライフ・スパン（時間のこと）とライフ・スペース（場所のこと）の2次元を表現している。
2 正しい。
3 正しい。
4 正しい。進路指導，キャリア・カウンセリングの資料として役立てられる。提案者のスーパーは，アメリカのコロンビア大学教育学部の教授を務め，イギリス，アメリカを中心に活躍し，職業指導，進路指導の分野の国際的なパイオニアとして知られている。

問題45 進路指導で使用する心理検査の説明で不適切なものを選べ。
1 興味検査，志向検査としては，職業レディネステスト，VPI職業興味検査がある
2 進路適性検査としては，PASカード，ATAC進路適性

> 診断テストがある
> 3 進路発達検査，進路成熟検査としては，CDT進路発達検査がある
> 4 性格検査としては，日本版GHQ精神健康調査票，顕在性不安検査がある

答：4

[解説]
1 正しい。職業レディネステスト（㈳雇用問題研究会）は中・高校生むけに開発されている。職業レディネスを態度的側面と能力的側面からとらえて，自ら進路を選択し決定するよう援助するために用いられる。VPI職業興味検査は，ホランド（Holland, J.L.）の開発したVPI（Vocational Preference Inventry）の日本版（日本文化科学社／㈳雇用問題研究会）である。
2 正しい。進路適性検査としては，中学生用としてPASカード（教研式学年別進路適性診断システム，図書文化社），高校生の進路適性をみるATAC進路適性診断テスト（第一学習社）などが開発されている。
3 正しい。
4 誤り。進路指導用としては，通常はこのような性格検査は用いない。

問題46 進路相談と係わる技法の系譜について誤った記述を選べ。

1 進路相談とは，生徒の進路発達や職業選択を援助する過程でおこなわれるカウンセリングである
2 進路相談の草分けであるパーソンズは，職業指導は個人分析・職業研究および両者の結合による相談からなるとした

3　ウイリアムソンは，現象学的な考え方を取り入れた指示的カウンセリングの技法を体系づけた
　　4　カール・ロジャーズは，非指示的（来談者中心的）カウンセリングを提唱した

答：3

[解説]
1　正しい。
2　正しい。選択肢1～4は，おおまかな進路相談の歴史的な流れになっていて，その先駆は，パーソンズ（Parsons, F.）の著『職業の選択 Choosing a vocation, 1909』に始まる。
3　誤り。ウイリアムソン（Williamson, E.G.）は，心理療法的な考えを取り入れて大きな流れを作った。現象学的な方法ではない。
4　正しい。近年，カール・ロジャーズの非指示的な来談者（クライエント）中心カウンセリングが隆盛を迎えた。今日では，多様，折衷的な各派が乱立している。

問題47　カール・ロジャーズの業績と貢献について誤った説明を選べ。
　1　精神分析学的な影響を受けたカウンセリングをおこなった
　2　彼の療法は，来談者（クライエント）中心療法である
　3　面接を録音し科学的な研究を展開した
　4　PCAアプローチとして知られている

答：1

[解説]
1　誤り。カール・ロジャーズ（Rogers, C.R. 1902-1987）は，コロンビア大学でホリングワースの指導を受けた後，児童相談所に勤務となり，その後カウンセリング活動を始めた。精神分析的なアプロー

チはとらず，独自のアプローチを展開した。
2 正しい。非医師が心理療法の体系を打ち立てた最初の人物として名を留めている。
3 正しい。
4 正しい。PCAとは，person centered approach 人間中心のアプローチのことである。レヴィン派とゲシュタルト心理学を折衷したグループとして，ベーシック・エンカウンター・グループを展開した。これらは，日本の学校教育においても，ホーム・ルームの時間などでエクササイズとして応用されている。

問題48 モレノの業績と貢献について誤った説明を選べ。
1 サイコドラマを考案した
2 集団心理療法に貢献した
3 ソシオメトリーを発想した
4 指示的カウンセリングをベースにした心理療法を体系化した

答：4

[解説]
1 正しい。モレノ（Moreno, J.L. 1889-1974）は，ルーマニア生まれのユダヤ人であり，1925年にアメリカに移住した。1932年，アメリカ精神医学会でサイコドラマを発表した。
2 正しい。1937年，集団心理療法 group psychotherapy という用語を紹介した。
3 正しい。1937年に雑誌「ソシオメトリー *Sociometry*」を発刊し，さらにソシオメトリーについての講演をし，ワークショップを指導した。
4 誤り。

問題49　マズローの業績と貢献について誤った説明を選べ。
1　第3勢力の心理学者である
2　人間性心理学を批判した
3　自己実現という概念を重要視した
4　欲求階層説を提唱した

答：2

[解説]
1　正しい。マズロー（Maslow, A.H. 1908-1970）は，みずからを，行動主義，S.フロイトの精神分析の2大勢力とは区別して，第3勢力という新たな学問的立場として位置づけようとした。『人間性の心理学』（小口忠彦監訳，誠信書房）などが邦訳されている。
2　誤り。マズローは，ロロ・メイ，カール・ロジャーズなどとともに人間性心理学 humanistic psychology の代表者の一人として知られている。
3　正しい。自己実現 self-actualization の概念は，彼のいう欲求階層理論の最上層にあたる。これは，第4の勢力であるトランスパーソナル心理学 transpersonal psychology にも受け継がれた。
4　正しい。

問題50　現代のカウンセリング関係の説明で誤った組み合わせを選べ。
1　アイヴィ――マイクロカウンセリング
2　エリス――論理療法
3　ジェンドリン――フォーカシング
4　森田正馬――内観療法

答：4

Part 3　教職の基礎：生徒指導／教育相談／進路指導

［解説］
1　正しい。アイヴィ（Ivey, A.E.）はマイクロカウンセリング（microcounseling）の創始者として知られている。初心者のためのカウンセリング訓練プログラムである。
2　正しい。エリス（Ellis, A.）は論理療法（rational-emotive therapy；RET）の創始者として知られている。時に，理性・感情療法，合理情動療法などとも訳されている。
3　正しい。ジェンドリン（Gendlin, E.T.）は，カール・ロジャーズの来談者（クライエント）中心療法に体験過程という概念を導入したことで知られている。フォーカシング（focusing 焦点づけ）とよばれる技法の開発で著名である。
4　誤り。森田正馬（1874-1938）は，森田療法の創始者として知られている。内観療法は，吉本伊信（1916-1988）が創始した療法である。

総合的問題
特定のテーマを多角的にチェック（5問題）

テーマ問題1　学校生活でみられる心配な行動

　次の文章は，学校生活でみられる児童生徒の心配な行動について，教師がどのような態度で取り組むべきかを書いたものである。読んで，以下の問1～問7の設問に答えよ。

　児童生徒が，順調，円満に，また楽しく生き生きと学校生活を送るためには，教師は学習指導だけでなく生徒指導にも力を注がなければならない。この意味で教師は，児童生徒のようすをよく観察し，時には経過を見守り，時にはすばやく助言や指導，あるいは相談といった対応をおこなう必要がある。
　児童生徒の問題行動は多様であるので早期に発見して対処することが望ましいが，かといって教師の思いこみや勝手な解釈で臨んでは，かえって問題をこじらせてしまうことにもなる。反応の早い教師は，「おや，変だな」「何か，ちょっと違うな」といった「気づき」を体得していて，しかもそれは，「児童生徒の行動の欠点探し」とは一線を画している。気づいたことにいつでも対処できる姿勢を持ちつつも，それが問題行動であるかどうかを早合点せず，慎重に見守る姿勢も備わっている。

Part 3　教職の基礎：生徒指導／教育相談／進路指導

問1～問7　次の1から7に書かれた児童生徒の行動には，どんな疾患の可能性があるのか，その名前を答えよ（可能性の1つという意味である）。

---

1. 不安や緊張によって，発作的に，息がしにくく酸素が吸いにくい感じがして，胸部の圧迫感がある。動悸がし，呼吸の回数が過度に多くなる。時として手足がしびれたり，頭がボッとして気が遠くなることがある。

---

2. 年齢的には思春期に多くみられる。標準体重より20％以上のやせ，食行動の異常，女性の場合の無月経，体重増加についての極度の恐怖などがみられる。

---

3. 便通の異常や腹部の諸症状が頻繁にみられる。下痢型，便秘型，ガス（放屁）型などがある。便通の異常のほかに，頭痛，動悸，めまいなどの自律神経的症状を伴うことが多い。

---

4. 顔面をしかめる，口をぴくぴくさせる，まばたき，首や頭を振るなどが頻繁に出現する。

---

5. 家庭ではよく話すのにもかかわらず，教室に入ると，まったくの黙り状態になる。それだけではなく，集団に参加しにくかったり，消極的で引っ込み思案である。対人不安や過度の緊張がうかがえる。

---

6. 腹痛や嘔吐が続く。時に，吐血や下血がある。夜や空腹時に，胸ヤケがしたり，腹の上の部分が痛む。

7. 不潔な感情にとらわれてしまう。手洗いを過度に繰り返す。入浴を頻繁におこなう。他人が手を触れたものは汚いというこだわりがわき起こってきて，とらわれてしまう。

解答例

問1 過換気症候群（過呼吸症候群 hyperventilation syndrome）
発作的に換気（呼気＋吸気）が過剰の状態になり，それによって心身に疾患が生じる。紙袋呼吸（ペーパー・バック・リブレッシング法）で対処し，薬物療法，自律訓練法を併用すると，発作が起こらなくなることが多いとされる。

問2 神経性食欲不振症（思春期やせ症）
摂食行動の異常による障害を総称して摂食障害（eating disorder）という。主症状は，神経性食欲不振症／過食症（anorexia nervosa／bulimia nervosa）であり，多くは思春期の少女に発症することから，思春期やせ症ともよばれる。治療期間は長引くことが多い。

問3 過敏性腸症候群（irritable bowel syndrome; IBS）
マニング（Manning, A.P.）の診断基準がよく知られている。青年期以降の発症が多く，数か月から1年単位の経過をたどる代表的な消化器系心身症である。

問4 チック（tic）
不随意で，反復的な筋肉運動による習慣性の発作である。年齢的には幼児から小学校低学年，性別としては男児に多いといわれている。脳炎の後遺症や，器質性のものとは区別する。治療には，遊戯療法，箱庭療法を用いることが多い。

問5 場面緘黙症，あるいは心因性緘黙症
緘黙（mutism）とは，器質的には障害がみられないのにことばを発しない状態である。子どもでは，幼稚園の入園，小学校の入学時によく見られる。これらは対人場面で緊張感が高まる

ためで，話さなければ緊張が低減できるからだと解釈されている。したがって，積極的に社会的スキルのトレーニングをおこなって，これを克服させることがある。

問6 胃潰瘍，十二指腸潰瘍などの消化器系潰瘍

問7 不潔恐怖症

強迫神経症 obsessive-compulsive neurosis の1つであり，反復的に強迫観念が生まれてくる。オペラント条件づけの原理による説明が有効な時には，行動療法を用いることがある。

（繰り返すが，以上はあくまでも可能性の1つであり，けっして安易に断定すべきものではない。）

関連問題：Part 1 − 42「摂食障害」(30ページ)，Part 1 − 43「神経性食欲不振症」(30ページ)，Part 1 − 44「青年期の恐怖症」(31ページ)，Part 3 − 29「ストレス」(130ページ)，Part 3 − 37「起立性調節障害」(136ページ)，Part 3 − 38「自傷行為」(137ページ)

テーマ問題2　ホームルーム活動の技法

次の文章は，ホームルーム活動でよくみられる人間関係トレーニング，人間関係改善についての諸技法の説明である。読んで，以下の問1～問6の設問に答えよ。

児童生徒が学校で，積極的に学び，自分らしさをみつけ，未来に展望をもつためには，ホームルームやクラスでの教科学習，あるいは部活動などのあらゆる機会をとらえて教師が助言指導することが望まれる。

総合的問題

　たとえば，1年生の1学期最初のホームルーム開きでは，児童生徒が互いに打ち解けていないので，①「わたしは………」で始まる20の質問に答えるような課題を与えて，それによって自分自身を見つめたり，また他者に自分を紹介させたりすることがある。

　構成的グループ・エンカウンターもよくおこなわれるが，これは最終的には，自分と他者を理解し，自らの人間的な成長を支え，お互いの存在や人権を尊重することなどを目標に計画される。具体的には，まず，グループで何かに取り組む体験がなされる。この作業課題を（　②　）という。②には，「ブラインドウォーク」「探偵ごっこ」「20年後のわたし」「NASA」「ノアの箱船」「にこにこ握手」などいろいろある。そのうちの1つ（　③　）は，宇宙船に乗り込んで月面に着陸した時に故障した場面を想定する。そして，地球に帰還する時に使える船内備品の優先順位を，グループ内で話し合うというものである。終了後には，④体験を通して感じたり学んだことを語り合う時間をとり，さらに各自でも（　⑤　）をおこなって総括をする。

　このほかにも親子，教師と生徒，生徒どうしなどの人間関係のある場面を想定し，出演者に役割を与えて，あとは自由に即興の劇を演じさせることもある。これを，（　⑥　）という。

問1　①のような形式の質問に答えさせる心理学的な方法を何というか。
問2　②の空欄に適切な語句を埋めよ。
問3　③の空欄に適切な語句を埋めよ。
問4　④を何というか。
問5　⑤の空欄に適切な語句を埋めよ。
問6　⑥の空欄に適切な語句を埋めよ。

Part 3 教職の基礎：生徒指導／教育相談／進路指導

解答例

問1　20答法（あるいはWAI法）
　　　20の問いかけに答えるということから，このように呼ばれる。英語では，Who am I？　ということからWAI法ともいう。
問2　エクササイズ
問3　NASA（月面遭難，あるいは宇宙船SOS）
問4　シェアリング（共有化，わかちあいのことである）
問5　振り返り
問6　ロール・プレイング（役割演技法 role playing）
　　　もともとは，モレノ（Moreno, J.L.）の創案によるサイコ・ドラマ（心理劇 psychodrama）という集団精神療法の1つである。

関連問題：Part 3 - 12「カウンセリング・マインド」(117ページ)，Part 3 - 13「ソーシャル・サポート」(118ページ)，Part 3 - 17「構成的グループ・エンカウンター」(121ページ)，Part 3 - 34「ジョハリの窓」(134ページ)，Part 3 - 35「グループカウンセリング」(134ページ)

テーマ問題3　教育相談

　教育相談について書かれた文章を読んで，以下の問1〜問7の設問に答えよ。

　教育相談は，幼児，児童，生徒などの教育上の諸問題について，本人や保護者あるいは教師と面談して，助言，援助，心理的な治療，①カウンセリングなどの適切な支援をおこなう営みである。
　教育相談の対象と内容は，おもに3つある。1つ目は，すべての

児童生徒を対象にした相談で、その内容は、学業の相談、進路指導、家庭教育などに関するパーソナリティの成長・発達の援助が中心である。このようなことから、これは、(②) 教育相談とよばれることもある。

2つ目は、学習障害、発達障害、問題行動などを示す児童生徒に対して、心理的な治療や問題の解決をはかることとかかわる。たとえば、公立の教育研究所（あるいは教育総合センター）などでは、教育相談課が設置されていて、これらにあたっている。このようなことから、これは、(③) 教育相談ともよばれている。もちろん、②教育相談と③教育相談は絡み合っている傾向があり、両者を区別することが難しい場合が多い。

3つ目は、教師の悩みに対する相談であり、これは近年、増加傾向にある。

次に、教育相談について、誰が相談員になるかについてまとめると、主として2つある。1つ目は、④心理治療にかかわる専門家が相談にあたるケースである。じっさい、文部科学省では、全国の学校にスクールカウンセラーを派遣するという施策を進めている。2つ目は、その学校の教師が相談にあたるケースである。したがって、担任や、各年度の教育相談係の教師も、カウンセリング・マインドをもって児童生徒に心理的に接することが要請される。これについては、教師サイドの姿勢として、カール・ロジャーズの来談者（クライエント）中心療法におけるカウンセラーの6つの必要十分条件のうち、⑤「クライエントの自己成長力を信頼すること」、⑥「クライエントが感じているように感じ取る態度による理解」と共通する姿勢を要するとされている。いずれにせよ、教育相談においては、家族、教師、医師などの関係者、あるいは関係諸機関と密接に連絡をとりながら、たえず⑦子どもの状態を観察して総合的に判断することが重要である。

Part 3　教職の基礎：生徒指導／教育相談／進路指導

問1　①の代表的な学派（流派，種類）を3つあげよ。
問2　②の空欄に適切な語句を入れよ。
問3　③の空欄に適切な語句を入れよ。
問4　④には，主としてどんな資格を持つ者を想定しているか。
問5　カウンセリング・マインドにかかわる下線部の⑤を簡単にいうと何か。
問6　カウンセリング・マインドにかかわる下線部の⑥を簡単にいうと何か。
問7　⑦子どもの状態を観察してとあるが，下表は行動観察の技法について説明したものである。空欄に適切な語句を埋めよ。

観察方法の名称	方法の概要
1　日誌法	行動の型の記述，たとえば保育日誌など
2　（　a　）	行動の偶発的な発生を記録する
3　（　b　）	ある特定の行為（たとえばイジメ）の過程を観察する
4　時間見本法	行動の流れを（　c　）でわけて，ある特定の行動（たとえば授業中のよそ見）の有無や頻度を観察する
5　（　d　）	観察した行動（たとえば授業中の挙手）の程度や印象を数値的に評価する

解答例

問1　精神分析的カウンセリング，指示的カウンセリング，非指示的（来談者中心）カウンセリング，行動主義的（あるいは行動療法的）カウンセリング，折衷的カウンセリングなど。
問2　開発的

問3 治療的
問4 臨床心理士
　　都道府県の事情によっては，精神科医師，心理学を専門とする大学教授があたることもある。
問5 クライエントに対する無条件の肯定的配慮（「積極的な尊重」とも訳される）
問6 クライエントへの共感的理解
問7 （a）逸話見本法
　　エピソードに注目して記録をしていく。
　　（b）事象見本法
　　イベント・サンプリング(event sampling) ともいう。行動を前後関係の流れのなかでとらえるので，質的なデータ収集法としてすぐれている。
　　（c）時間間隔
　　時間見本法は，タイム・サンプリング（time sampling）ともいわれる。9分休んで1分間観察とか，50分休んで10分観察とか，任意の適切な時間間隔をとって観察をする方法である。頻度や持続時間の長期的な量的把握にすぐれている。
　　（d）評定尺度法
　　他の方法とくらべるとそれほどの訓練を必要とせず，何より効率的に記録できる点がすぐれている。

関連問題：Part 3 - 1「学校恐怖症」(110ページ)，Part 3 - 2「非社会的行動」(111ページ)，Part 3 - 3「反社会的行動」(111ページ)，Part 3 - 4「学校教育相談の役割」(112ページ)，Part 3 - 5「学校教育相談の特徴」(113ページ)，Part 3 - 6「学校教育相談の形態」(113ページ)，Part 3 - 7「教育相談の過程」(114ページ)，Part 3 - 8「教師のカウンセリング・マインド」(114ページ)，Part 3 - 10「心理学関係の資格」(116ページ)，Part 3 - 11「カウンセリングの基本用語」(116ページ)，Part 3 - 40「進路指導の規定」(138ページ)，Part 3 - 43「キャリア・カウンセラー」(140ページ)

テーマ問題4　行動・性格をとらえる心理検査

次は行動・性格をとらえる測定法と評価についての記述である。読んで，以下の問1～問6の設問に答えよ。

個人のいろいろな特性を調べるテストは，学力検査と心理検査に大別される。心理検査（心理テスト）は，知能検査，適性検査，パーソナリティ検査の3つに大別される。そのほかにも，創造性検査，学習適応性検査，ソシオメトリック・テスト，認知型テストなどがある。
〈知能とは何か〉とひとくちにいうことは難しいが，たとえば，（　①　）は，「目的的に行動し，合理的に思考し，能率的に自己の環境を処理する総合的・全般的能力である。」と包括的に定義している。知能を調べるには，標準化された知能検査を用いることになる。知能検査には，知能を知的なはたらきの全体として総合的にとらえる検査（鈴木・ビネー式知能検査，田中・ビネー式知能検査など），言語性と非言語性（動作性）を分析的に診断できる検査（WPPSI，WISC-R，WAIS-Rなど）がある。知能検査は100年の歴史を持って今日に至っているが，そのあいだには，②数々の批判があり，他方でまた，それを克服しようとした試みがあった。
適性検査には，③進路適性検査，④職業適性検査，⑤事故傾向予測検査などがある。
パーソナリティ検査は，その方法によって，評定法，質問紙法，投影法，⑥作業検査法の4つに分類できる。
非常に多くの心理検査が開発されているが，実際に教師が，これらの検査を頻繁に実施して児童生徒に結果を伝えることはあまりない。学校内では，入学時，あるいは教育相談の時に，諸方法のなか

の1つとして習熟者が実施する場合がほとんどである。しかし，結果の扱いや解釈について教育的な配慮をもって対処するためには，教師もまた，初歩的な知識は持っておいた方がよいだろう。

問1　①の空欄に適切な人名を入れよ。
問2　②知能検査に対する代表的な批判と反論の一例を示せ。
問3　③の例をあげよ。
問4　④の例をあげよ。
問5　⑤の例をあげよ。
問6　内田－クレペリン精神作業検査の長所と短所をあげよ。

解答例

問1　ウェクスラー（Wechsler, D.,1986−1981）
WPPSI（幼児用），WISC-R（児童・生徒用），WAIS-R（成人用）の作成で有名である。

問2　いくつかを例示する（辰野千寿 1995『新しい知能観に立った知能検査基本ハンドブック』の要約を参考にした）。
（a）批判：知能検査は子どもの優劣をつける差別の道具である。反論：それは知能指数が不変であるという誤解による。個人の知能指数は変化する。それはむしろ使い方の未熟さによる誤解である。
（b）批判：知能検査では学校の成績は予測できない。反論：学校の成績は，学習意欲や，教師の指導法，テスト問題の内容などの多くの要因によって決まる。知能検査ではそれらは扱っていないので当然である。知能検査への知識不足による誤解である。
（c）批判：知能検査では創造性はわからない。反論：批判のとおりである。ただし，創造性検査の開発の試みもなされていて今後の発展が期待される。

問3　日文式高校用進路適性検査：サスセス（日本文化科学社），フジエイト進路適性検査（フジエイト），SG式進路発見検

査：EPIC（実務教育出版），教研式学年別進路適性診断システム：PASカード（図書文化社）など
問4 厚生労働省一般職業適性検査：進路指導用GATB（雇用問題研究会），VIP職業興味検査（日本文化科学社／雇用問題研究会），教研式職業興味・志望診断検査（図書文化社）など
問5 APP事故傾向予測検査：安全教育用（東京心理）など
問6 長所：①性格や一般精神機能の特徴を調べて，職業上の配置の基礎資料として生かすことができる。②検査を受ける者の意図的な受検態度ができにくい。短所：①検査結果の判定が高度で，解釈には高度な訓練や経験を必要とする。②性格の一面の診断に限られている。

関連問題：Part 1 − 26「知能検査」(18ページ)，Part 1 − 48「ビネーの貢献」(33ページ)，Part 2 − 15「知能検査の教育利用」(64ページ)，Part 2 − 32「知能の理論」(77ページ)，Part 3 − 18「心理検査の留意点」(122ページ)，Part 3 − 19「心理検査の種類」(122ページ)，Part 3 − 20「内田クレペリン精神作業検査」(123ページ)，Part 3 − 22「性格検査」(124ページ)，Part 3 − 45「進路指導の心理検査」(141ページ)

テーマ問題5　LD（学習障害）

次はLD（学習障害）についての説明である。読んで，以下の問1〜問6の設問に答えよ。

　LD（学習障害）に関する用語は，時代とともに変化してきた。現時点では，ひとまずは，知能は普通で感覚・運動機能には問題が認められないのに，視覚的あるいは聴覚的な障害がみられ，結果と

総合的問題

して注意範囲が狭い，持続しない，落ち着きがない，過敏であるなどの行動がみられる病態であるとされる。学習に集中できず，読み，書き，計算などが不調であるが，その原因は脳機能に軽い障害があるためであるとされてきた。ただし，じっさいには，CT，MRIなどの検査でも異常部位が特定できないことも多い。

このような病態については，1966年にクレメンツ（Clements, S.D.）が微細脳機能障害（MBD）という用語を提唱，他方で行動面に着目したカーク（Kirk, 1962）は学習障害（learning disabilities）という語を用いた。以上はおおまかな説明であるが，このほかにも，①ADHD，②自閉症，③PDDなどのようなよく似た用語があり，混乱がみられている。文部省（現，文部科学省）の諮問委員会は，1999年に，「学習障害児に対する指導について」という最終答申を出している。それには次のようにまとめられている。「学習障害とは，基本的には，全般的な知的発達に遅れはないが，聞く，話す，読む，書く，計算する又は推論する能力のうち④特定のものの習得と使用に著しい困難を示す様々な状態を指すものである。学習障害は，その原因として，中枢神経系に何らかの機能障害があると推定されるが，視覚障害，聴覚障害，知的障害，情緒障害などの障害や，環境的な要因が直接の原因となるものではない。」

医学と教育では，かならずしも同じ意味で使っていないことも，LDの混乱の一因である。医学系ではLDの英語は，（ ⑤ ）である。他方，教育や心理では，LDの英語はむしろ，（ ⑥ ）を用いることが通例である。教師は，生半可な知識で対処するのではなく，保護者に対して小児神経科などの専門医の診断を勧めるのが普通であり，あわせて十分な理解とともに教育的配慮に努めるべきである。

Part 3　教職の基礎：生徒指導／教育相談／進路指導

問1　①は日本語で何とよばれているか。どんな行動特徴がみられるか。

問2　②の原因について，対人関係に関する障害とは別の説を唱えたラター（Rutter, 1983）の見解について略述せよ。

問3　③は広汎性発達障害のことであるが，これを説明せよ。

問4　④を調べる代表的な心理検査をあげよ。

問5　⑤の空欄に適切な語句を埋めよ。

問6　⑥の空欄に適切な語句を埋めよ。

解答例

問1　注意欠陥／多動（性）障害
attention-deficit/hyperactivity disorder の略である。7歳未満に発症し，学齢期以降には，多動で落ち着きがない，逸脱行為がみられる，注意集中困難などの状態が，同学年の普通の児童生徒とくらべて非常に顕著にみられる。

問2　認知障害が基本障害であり，対人関係についての障害は派生した副次的なものであるとする説。

問3　PDD とは，pervasive developmental disorders の略であり，広汎性発達障害とよばれている。
　　　　PDD は，自閉症，レット障害，小児期崩壊性障害，アスペルガー障害などを含む。多範囲にわたっての発達上の重度の欠陥や障害を特徴としている。

問4　標準学力検査などのほかに，ウエクスラー知能検査を実施して，言語性知能と動作性（非言語性）知能を調べる。この検査によって，一方が極度に悪いときには言語性 LD，あるいは動作性 LD を疑う。あるいは，K-ABC（Kaufman assessment battery for children）を実施して，同時処理能力（全体をひとめで理解する能力），継時処理能力（ことばや動作を段取りにしたがって順序よく理解する能力）をみて得点の低さから LD を疑う。もちろん，他の検査や行動観察も併用する。

総合的問題

問5　learning disorders
問6　learning disabilities

関連問題：Part 1 – 13「DSM – Ⅳ」(10ページ)，Part 1 – 15「知的障害」(11ページ)，Part 1 – 17「注意欠陥／多動性障害」(12ページ)，Part 1 – 30「自閉症」(21ページ)，Part 1 – 31「自閉性障害」(22ページ)，Part 1 – 32「学習障害 (LD)」(23ページ)

問題索引

Part 1　子どもの発達を理解する
問題1　発達の特徴　2
問題2　生涯発達理論　2
問題3　発達課題（ハヴィガースト）　3
問題4　フロイトの発達段階　4
問題5　コールバーグの発達段階　4
問題6　エリクソンの発達段階　5
問題7　ピアジェの発達段階　6
問題8　新生児期の特徴　6
問題9　乳児期の特徴　7
問題10　アタッチメント　8
問題11　乳児の発達の遅れ　8
問題12　胎生期の感染症　9
問題13　DSM-IV　10
問題14　身体の障害　10
問題15　知的障害　11
問題16　吃音症　12
問題17　注意欠陥／多動(性)障害　12
問題18　転導推理　13
問題19　3つ山問題　14
問題20　保存課題　14
問題21　鏡映文字　15
問題22　道徳的判断の発達（ピアジェ）　15
問題23　遊びの発達（パーテン）　16
問題24　相貌的知覚　17
問題25　ピアジェの具体的操作期　18
問題26　知能検査　18
問題27　遊び（ピアジェ）　19
問題28　反抗期　20
問題29　児童期の仲間関係　21
問題30　自閉症　21
問題31　自閉性障害　22
問題32　学習障害（LD）　22
問題33　心理的離乳　23
問題34　思春期　24
問題35　疾風怒涛の時期　24
問題36　向社会性（アイゼンバーグ）　25
問題37　創造性　26
問題38　アイデンティティ　27
問題39　アイデンティティ　27
問題40　アイデンティティ拡散　28
問題41　アイデンティティ・ステイタス　29
問題42　摂食障害　30
問題43　神経性食欲不振症　30
問題44　青年期の恐怖症　31
問題45　コールバーグの貢献　31

問題46 ヴィゴツキーの貢献　32
問題47 ピアジェの貢献　33
問題48 ビネーの貢献　33
問題49 エリクソンの貢献　34
問題50 S.フロイトの貢献　35
総合問題1 発達に関する規定因　36
総合問題2 道徳性の発達　39
総合問題3 ピアジェの認知発達理論　42
総合問題4 青年期の人間関係　45
総合問題5 エリクソンの発達理論　48

Part 2　教職の基礎：学習指導／学級経営

問題1 教育評価　54
問題2 標準検査　55
問題3 形成的評価　55
問題4 動機づけ　56
問題5 総括的評価　56
問題6 関心・意欲・態度　57
問題7 口頭試験　58
問題8 ハロー効果　58
問題9 論文体テスト　59
問題10 論文体テストの採点　60
問題11 客観的テスト　61
問題12 目標準拠測定　62
問題13 テスト結果の表記法　62
問題14 偏差値　63
問題15 知能検査の教育利用　64
問題16 リテラシー　64
問題17 練習方法　65
問題18 発見学習　66
問題19 内発的動機づけ　67
問題20 注意　67
問題21 忘却　68
問題22 学習性無力感　69
問題23 評価のゆがみ　70
問題24 学習方法の開発者　71
問題25 バズ学習　72
問題26 ピグマリオン効果　73
問題27 ブルーナーの教育過程論　73
問題28 適性処遇交互作用　74
問題29 教育工学　75
問題30 相関係数の算出手続き　75
問題31 相関係数の値　76
問題32 知能の理論　77
問題33 自己効力　78
問題34 リーダーの影響力　79
問題35 集団としての学校　80
問題36 学級集団の凝集性　80
問題37 学級集団構造の発達(大西誠一郎)　81
問題38 小学校の仲間関係の発達(広田君美)　82
問題39 リーダーシップＰＭ理論　83
問題40 話し合いの方法　83
問題41 ソシオメトリック・テスト　84
問題42 問題解決技法(PDS)　85
問題43 教師の影響力の認知　86
問題44 集団分極化　87

問題索引

問題45　社会的促進　88
問題46　スキナーの貢献　88
問題47　バンデューラの貢献　89
問題48　E.L.ソーンダイクの貢献　90
問題49　ブルーナーの貢献　91
問題50　ブルームの貢献　91
総合問題1　教育評価法のあゆみ　93
総合問題2　評価のゆがみ　98
総合問題3　学習意欲を引き出して育てる　100
総合問題4　ピグマリオン効果　104
総合問題5　学級の子どもたちをみる　107

Part 3　教職の基礎：生徒指導／教育相談／進路指導

問題1　学校恐怖症　110
問題2　非社会的行動　111
問題3　反社会的行動　111
問題4　学校教育相談の役割　112
問題5　学校教育相談の特徴　113
問題6　学校教育相談の形態　113
問題7　教育相談の過程　114
問題8　教師のカウンセリング・マインド　114
問題9　カウンセリングの源流　115
問題10　心理学関係の資格　116
問題11　カウンセリングの基本用語　116
問題12　カウンセリング・マインド　117
問題13　ソーシャル・サポート　118
問題14　ステレオタイプの定義　119
問題15　ステレオタイプの事例　120
問題16　ブーメラン効果　120
問題17　構成的グループ・エンカウンター　121
問題18　心理検査の留意点　122
問題19　心理検査の種類　122
問題20　内田－クレペリン精神作業検査　123
問題21　Y－G性格検査　124
問題22　性格検査　124
問題23　適応機制　125
問題24　防衛規制　126
問題25　マズローの欲求階層説　127
問題26　アルダファのERGモデル　128
問題27　S.フロイトの理論　129
問題28　葛藤（コンフリクト）　129
問題29　ストレス　130
問題30　欲求不満　131
問題31　来談者中心的カウンセリングの基本仮説　132
問題32　十分に機能する人間　132
問題33　カール・ロジャーズの不適応論　133
問題34　ジョハリの窓　134
問題35　グループカウンセリング　134
問題36　交流分析　135
問題37　起立性調節障害　136
問題38　自傷行為　137
問題39　自己愛性人格障害　137
問題40　進路指導の規定　138
問題41　特性・因子理論　138
問題42　進路発達論（スーパー）　139
問題43　キャリア・カウンセラー　140

問題44 ライフ・キャリアの虹　141
問題45 進路指導の心理検査　141
問題46 進路相談の技法　142
問題47 カール・ロジャーズの貢献　143
問題48 モレノの貢献　144
問題49 マズローの貢献　145

問題50 カウンセリング技法の開発者　145
総合問題1 学校生活でみられる心配な行動　147
総合問題2 ホームルーム活動の技法　150
総合問題3 教育相談　152
総合問題4 行動・性格をとらえる心理検査　156
総合問題5 LD（学習障害）　158

著者略歴

大野木 裕明（おおのぎ・ひろあき）
 1980年　名古屋大学大学院博士後期課程修了（教育心理学専攻）
 現　在　福井大学教授　教育学博士　認定キャリア・カウンセラー
 主　著　『テストの心理学』（単著，ナカニシヤ出版）
    『生徒指導と学校カウンセリング』（共編，ナカニシヤ出版）

二宮　克美（にのみや・かつみ）
 1980年　名古屋大学大学院博士後期課程修了（教育心理学専攻）
 現　在　愛知学院大学教授　教育学博士　学校心理士・認定心理士
    臨床発達心理士
 主　著　『たくましい社会性を育てる』（共著，有斐閣）
    『思いやりのある子どもたち』（共訳，北大路書房）

宮沢　秀次（みやざわ・しゅうじ）
 1980年　名古屋大学大学院博士後期課程修了（教育心理学専攻）
 現　在　名古屋経済大学教授　学校心理士
 主　著　『サイコロジー』（共著，協同出版）
    『ばーじょんあっぷ自分でできる心理学』（共編，ナカニシヤ出版）

問題集：自分でできる学校教育心理学

| 2001年 7月30日 | 初版第1刷発行 | 定価はカヴァーに |
| 2004年10月20日 | 初版第2刷発行 | 表示してあります |

　　　　　　　著　者　大野木裕明
　　　　　　　　　　　二宮　克美
　　　　　　　　　　　宮沢　秀次
　　　　　　　発行者　中西健夫
　　　　　　　発行所　株式会社ナカニシヤ出版
　　　　　　　　〒606-8161 京都市左京区一乗寺木ノ本町15番地
　　　　　　　　TEL 075-723-0111
　　　　　　　　FAX 075-723-0095
　　　　　　　　郵便振替　01030-0-13128
　　　　　　　　URL http://www.nakanishiya.co.jp/
　　　　　　　　e-mail iihon-ippai@nakanishiya.co.jp

印刷・製本＝ファインワークス/装幀　川辺千恵美
Copyright © 2001 by H. Ohnogi, Ninomiya, & S. Miyazawa
Printed in Japan
ISBN4-88848-659-X　C3011

ばーじょんあっぷ 自分でできる心理学

宮沢秀次・二宮克美・大野木裕明 編著

テーマを広げ、取り組み方や解説を簡潔にし、発展課題を示す、との意図にそった改訂。本書のねらいは、課題を通して心理学の観点から自分を知ること／心理学の方法を学ぶこと／心理学の面白さを実感すりことである。　一一五五円

自分でできる心理学 問題集

二宮克美・宮沢秀次・大野木裕明 編著

心理学の基礎についての自己点検として、解説を読み、問題で扱った周辺の知識のチェックとさらなる学習の方向づけのために編まれた。臨床心理士、あるいは教員採用試験や大学院の受験対策用に自学自習教材として最適。　一〇五〇円

新 自分さがしの心理学
―自己理解ワークブック―

川瀬正裕・松本真理子 編

「自己の内面を知る」「人と人との間に生きる」「今までの自分・これからの自分」のテーマのもと、心理学の理論からの青年期の課題としての自分さがしを関連事項の概説、課題と振り返りなどのフォローのもとに始まる、好テキスト。　一七八五円

表示は５％税込の価格です。